形似神异

什么是
中日传统政治文化的
结构性差异

葛兆光 / 著

社会科学文献出版社
SOCIAL SCIENCES ACADEMIC PRESS (CHINA)

目 录

引言 "同中求异":寻找中日传统政治文化的
　　　差异及其影响 ································· 001

上篇　皇权与革命:政治权力的合法性 ············ 006
　一　皇帝和天皇:"天无二日"还是
　　　"共享天下" ································· 011
　二　忠诚与叛逆:政治伦理的绝对
　　　与相对 ······································· 023
　三　革命与改良:"改朝换代"还是
　　　"咸与维新" ································· 033
　四　"革命"还是"放伐":一个
　　　初步讨论 ···································· 043

中篇　郡县与封建:国家形态与社会结构 ········ 048
　一　成为律令制国家了吗?——日本的
　　　双重体制与重层结构 ····················· 053

二 皇权下县：中国的郡县制与科举制 …… 070
三 从古代日本到近世日本：亲藩、
　　谱代与外样 …………………………… 075
四 走向近代：封建与郡县之利弊？ ……… 082

下篇　王权与神佛：意识形态与宗教信仰 ……… 091
一 公家、武家、寺家的三足鼎立：
　　从织田信长火烧延历寺说起 …………… 094
二 "皇帝即当今如来"：屈服于政治的
　　中国宗教 ………………………………… 103
三 "权门"与"方外"：中日佛教在
　　政治文化领域的差异 …………………… 116
四 怎样走出中世纪？——近代过程中欧洲、
　　日本与中国宗教的位置 ………………… 128
五 不是结论的结论：中日政治文化中的
　　政教关系基因 …………………………… 138

附　录

一 同文同种？还真不一定——读尾藤正英
　　《日本文化的历史》 …………………… 145
二 中世的日本、朝鲜与大明——读田中健夫
　　《中世对外关系史》 …………………… 151

三 传统东亚邦交中的"名"与"器"——
读周一良译新井白石《折焚柴记》 …… 156
四 作为思想史的政治伦理问题——
读丸山真男《忠诚与反叛》 ………… 160
五 从古琉球史说起：国境内外与海洋
亚洲——读村井章介《古琉球：海洋
亚洲的辉煌王国》……………………… 164
六 与本书相关的日本史粗略年表………… 193

后　记 ……………………………………… 196

引言 "同中求异":寻找中日传统政治文化的差异及其影响*

2020年春天,我在东京和日本政治思想史学者、日本学士院院士渡边浩(わたなべ ひろし,1946~)教授有几次交谈。他有一个说法相当有趣,他说,人们都熟悉日本明治维新初期两个重要的举措,一个是"大政奉还"(1867年,又,1868年"王政复古",即重新

---

* 关于什么是"政治文化",我的同事、复旦大学政治学系包刚升教授提示,鲁恂·W. 派伊《政治发展面面观》(任晓、王元译,天津人民出版社,2009)、安德鲁·海伍德《政治学》(张立鹏译,中国人民大学出版社,2006)都有过讨论,大体上是指对政治的态度、情感、信仰等文化因素,这些因素影响政治并赋予政治行为价值和意义。作为一个历史学者,在讨论政治文化史的时候,我赞同余英时先生在《朱熹的历史世界》(台北:允晨出版事业公司,2003)"绪论一"中的解释,所谓政治文化,一是 Political Culture,即"政治思维的方式和政治行动的风格";二是兼容"政治和文化两个互别而又相关的活动领域"。

形似神异：什么是中日传统政治文化的结构性差异

确立天皇权力，强化统一国家的中央集权），一个是"废藩置县"（1871年，1869年有"版籍奉还"，即从封建制转向郡县制）。表面上，日本似乎是在追求"近代/西方化"；实际上，也是日本在走向"古代/中国化"。他认为，虽然在目标上是实现"近代/西方化"，但在路径上，却是把日本传统的帝国体制和社会结构，往古代中国的方向转。

这个说法半是比喻，半是玩笑，但我觉得很有深意①。为什么？因为这个说法提醒我们三点：第一，明治以前（至少镰仓、室町和德川时代）的传统日本政治文化和传统中国不一样，所以，走向近代的日本才要"尊王攘夷"和"废藩置县"，把原来日本的"天皇与幕府"双重体制和"天皇-幕府-大名"的重层结构，往传统中国高度集中的皇权和中央直接控制的郡县制上靠。第二，如果这是日本"走向近（现）代"的制度基础，那么我们就要追问，为什么

---

① 这个说法，当然并不是来自渡边浩个人的感受，二十多年前已故的京都大学教授飞鸟井雅道在『日本近代精神史の研究』（京都：京都大学出版会，2002）中，已经指出明治时代政治文化的特点，就是一方面"维新"，一方面"复古"，只是他没有指出"复"的乃是古代中国之"古"，见该书第140页；又，近年有一本流行的著作，即与那霸润的『中国化する日本：日中「文明の衝突」一千年史』（东京：文艺春秋，2014）也说到这一点，并且说是"复中国之古"，可以参看。

引言 "同中求异"：寻找中日传统政治文化的差异及其影响

日本回向类似传统中国的制度，明治维新后走向了现代化（当然也走向了帝国主义和军国主义），而古代中国本来就有这种制度，却不能在晚清顺利完成现代转型？第三，如果这说明所谓"一衣带水""同文同种"的日本，在传统政治文化上和中国并不一样，那么，究竟在什么地方两国有差异，为什么会有差异而且是"结构性的"差异？在这部小书里，我想探讨的就是这些问题。

关于传统中日之间政治文化的比较，很长时间以来被"一衣带水""同文同种"这些感觉带到沟里，也因为所谓"儒家文化圈""汉字文化圈"这类概念产生很多误解，总觉得中国人和日本人都是"黄皮肤、黑头发"的东方人，而且认为古代日本文化大半来自中国，甚至日本人种都来自中国。所以，很多中国人习惯说，"咱们的"东亚文化。至于说到传统中日政治文化，很多人马上会想到的，可能是古代日本从隋唐中国学到的，如《宪法十七条》建构的"律令制国家"，如"官阶十二等"仿效隋唐的职官和服色，如《日本国见在书目录》中所见遣隋使和遣唐使带回去的各种书籍。可是，如果你往深处看，就像丸山真男（まるやままさお，1914~1996）那个著名比喻中说的，其实，传统中国和古代日本各有各的"执拗的持续低音"，在修饰并且改变着这些宏大的"主旋律"①，这使得中日之间传统政治文化（当然也包括制度、宗教和观念）的差异，未必就比东西之间（如中美、中法、中英、中德、中俄）的差异来得小。

学术研究，尤其是比较政治史、思想史和文化史的研究，如果你总是想"异中求同"，像钱锺书先生说的寻求"东海西海，心同理同"，也不是不可以，那往往是哲学家和文学家的事情，因为它的指向是寻找人类共同的价值、感情和道理，这当然是高尚的。但是作为历史学者，可能更需要的是"同中求异"，也就是顺着历史，找到各个国家与族群的差异，说明它的渊源、流变和走向。然后解释清楚在一个看似同一的文明区域，为什么有不同的政治文化和不同的族群认同，而且这种种不同，最终又怎样影响了走向近代的不同路径。

有关中日传统政治文化的结构性差异及其影响，我打算从三个角度来分析和讨论。在上篇"皇权与革命：政治权力的合法性"中，我会讨论传统中日政治权力合法性来源与政治权力结构的差异，政治伦

---

① 丸山真男这个著名比喻，见『歴史意識の「古層」』，载丸山真男『忠誠と反逆：転形期日本の精神史の位相』（さくま学芸文庫本，东京：筑摩书房，2015），第359页。

理绝对性与相对性的不同，以及政治变化的路径究竟只能依赖改朝换代的"革命"还是可以依赖"维新"；中篇"郡县与封建：国家形态与社会结构"将要分析传统中国与日本国家与地方的关系，以及在走向近代的过程中，这两种国家形态的命运差异；在下篇"王权与神佛：意识形态与宗教信仰"中，我想借用宗教史资料，讨论传统中国与日本在政教关系上的差异，因为这涉及走向近代过程中，这种有差异的政教关系，如何影响日本、中国以及欧洲的各自走向。

上篇　皇权与革命：政治权力的合法性

先讲一个故事。

北宋初期，日本禅僧奝然来中国，向刚刚建国不久的宋朝第二个皇帝宋太宗（赵匡义，即赵炅，939～997），介绍日本天皇世世相承、大臣代代传袭的历史，也就是现在所谓的"万世一系"。宋太宗听后很震惊，也很感慨。《宋史》里说，"上闻其国王一姓传继，臣下皆世官，因叹息谓宰相曰：'此岛夷耳，乃世祚遐久，其臣亦继袭不绝，此盖古之道也。中国自唐季之乱，宇县分裂，梁、周五代享历尤促，大臣世胄，鲜能嗣续。朕虽德惭往圣，常夙夜寅畏，讲求治本，不敢暇逸。建无穷之业，垂可久之范，亦以为子孙之计，使大臣之后世袭禄位，此朕之心焉。'"①

---

① 《宋史》卷四九一《外国传七·日本国》，中华书局，1985，第14134页。

上篇　皇权与革命：政治权力的合法性

也许这里的道理，宋太宗是装作不知道。据说，他几年前经由斧声烛影，拿下了哥哥的皇位，心里也许还有什么秘密。当然，也许宋太宗是真不知道。中国做不到"一姓传继"，是因为古代中国的政治文化里，始终有"改朝换代"的革命传统。我无法揣测宋太宗的心理，不过，中国不可能像日本一样"万世一系"，从政治史和思想史的角度看，却是必然的。

为什么？简单说，是因为古代中国儒家有"汤武革命"的说法。儒家虽然也强调"君君臣臣父父子子"等级制度神圣不可侵犯，但它偏偏画蛇添足，觉得天子还要以"德"配"天"。如果你没有德，就有人要取代你，这个时候，以下犯上的"反叛"就是合理的，这就是后世所谓"造反有理"。这一点，读《孟子》就可以知道①。历史上每一个试图夺取政

---

① "汤武革命"的说法，在《孟子》中曾被反复强调，以下两段话最重要。一是《孟子·梁惠王下》："齐宣王问曰：'汤放桀，武王伐纣，有诸？'孟子对曰：'于传有之。'曰：'臣弑其君，可乎？'曰：'贼仁者，谓之贼；贼义者，谓之残。残贼之人，谓之一夫。闻诛一夫纣矣，未闻弑君也。'"二是《孟子·离娄上》："桀纣之失天下也，失其民也。失其民者，失其心也。得天下有道：得其民斯得天下矣。得其民有道：得其心斯得民矣。……为汤、武驱民者，桀与纣也。今天下之君有好仁者，则诸侯皆为之驱矣；虽欲无王，不可得已。"

007

形似神异：什么是中日传统政治文化的结构性差异

权的人，大抵都会宣称自己是"汤武革命"，所以，后来明代开国皇帝朱元璋才对《孟子》很不满意，觉得孟子是悖谬乱说，要让人搞个《孟子节文》出来，把这些文字删去①。大家知道，商汤取代夏桀，周武征讨商纣，按说本来就是篡夺王位，那么，你怎样证明其有合法性？于是儒家就说，夏桀和商纣失"德"，所以，原本的犯上作乱，在古代是"大逆不道"，但因为商汤和周武有"德"，所以造反才能有理。大凡革命，就是正义的，这就叫"替天行道"。

这里本来有一个很难解决的悖论。既然皇权与等级是神圣的，那么犯上作乱或革命造反有没有理？《论语》里说，"其为人也孝弟，而好犯上者，鲜矣。不好犯上，而好作乱者，未之有也"②，所以，不可以下犯上这一点在儒家政治伦理中，是天经地义不容置疑的。不过，在儒家还没取得一统天下的崇高地位时，曾经有很多争论。人们最熟悉的一个故事，就是汉景帝时代的一场争论。汉初文景之时，黄老之学很吃香，据说，汉景帝的母亲窦太后就喜欢黄老之学。那时候，辕固生（儒者）和黄生（黄老）辩论"汤

---

① 参看张佳佳《〈孟子节文〉事件本末考辨》，载《中国文化研究》2006年第3期，第84~93页。
② 《论语集注》卷一，朱熹《四书章句集注》，中华书局，1989，第47页。

上篇 皇权与革命：政治权力的合法性

武究竟是篡弑还是革命"，双方争得很激烈。黄生强调不能以下犯上，君臣是绝对的，汤武就是非法篡位。辕固生情急之下，口无遮拦地说，如果这样的话，那么咱们汉高祖取代秦朝，难道就是不对的吗？话说到这儿就僵住了。汉景帝只好和稀泥，留下一句有关"不争论"的历史名言，叫作"食肉不食马肝，不为不知味"①，学者不说汤武革命，也不算是无知。

不过大家都知道，汉景帝之后，汉武帝"罢黜百家，独尊儒术"，此后，阳儒阴法或者外儒内法，就成了传统中国的主流意识形态。所以，在政治权力合法性这个问题上，儒家的"以德配天"和"汤武革命"就成了真理，尽管理路上包含着深刻的矛盾。不过，虽然日本也引入了儒家伦理，但有趣的是，这个观念在古代日本却没有生根。日本并不像中国，对于他们自己的天皇，并没有很强烈的"以德配天"的意识，也从来没有尝试过"汤武革命"的观念②。

---

① 《史记》卷一二一《儒林列传》，中华书局，1982，第3122~3123页。
② 中国人民大学的周濂教授指出，哈贝马斯曾经指出，西方历史上曾经出现三种不同的正当性，一是起源神话（myth of origin）的模式，即用原始神话来证成他们的权威地位，正当化的对象主要是统治者本人；二是以宇宙论为基础的伦理学、宗教以及哲学来塑造正当性；三是从霍布斯、洛克到罗尔斯的社会契约传统，由社会的承认与认同来证明权

形似神异：什么是中日传统政治文化的结构性差异

那么，有没有这个观念，会给中国和日本分别带来什么后果呢？也许，大家觉得这没什么，其实这非同小可。在中日传统政治文化上，它造成的结构性或根本性差异是很严重的。日本杰出的思想家福泽谕吉（ふくざわゆきち，1835~1901）曾经敏锐地注意到这个问题，但遗憾的是他只是把有关"汤武"的争论，作为日本的"汉学家"与"皇学家"之间的不同，没有进一步讨论中国政治文化与日本政治文化的结构性差异①。

力的正当性。哈贝马斯（Jurgen Habermas）*Communication and Evolution of Society*, translated by Thomas McCarthy,（Beacon Press, 1979），p.178；参看周濂《现代政治的正当性基础》（生活·读书·新知三联书店，2008）。按照这一说法，中国皇权的正当性，建立在第一种和第二种的混合上，而日本天皇的正当性，则来自第一种。这一点，感谢周濂的提示。

① 〔日〕福泽谕吉：《文明论概略》，北京编译社中译本，商务印书馆，1992，第2页。

上篇　皇权与革命：政治权力的合法性

一　皇帝和天皇："天无二日"还是"共享天下"

中国皇帝"天无二日"，日本天皇却可与武家等势力"共享天下"，这一观念差异造成的是，历史上日本的"万世一系"和中国的"改朝换代"。换句话说，就是日本顶层权力（天皇）的相对稳定，和中国顶层权力（皇帝）的不断变动。

中国的皇帝虽然号称"天子"，权力超级大，但他的麻烦也大。他必须是政治权力、宗教神圣、知识真理（甚至有时还有"道德楷模"）"集于一身"，即史华慈（Benjamin Schwartz）和林毓生所谓的"universal kingship"[①]。它的牢不可破就在于这"三位一体"，但它的脆弱或软肋也在于这"三位一体"。如果你没有权力当然不行，如果你不再神圣或者道德有亏也不行，如果让人看出你是无知无识的傻瓜更不行，人家就会推翻你。因为下一个想当皇帝的人，可以宣称自己代表了民意、代表了真理、代表了道德，可以有充足的理由推翻你。更何况古

---

① 林毓生：《史华慈、林毓生对话录——一些关于中国近代和现代思想、文化与政治的感想》，载林毓生《思想与人物》，台北：联经出版公司，1994，第439~468页。

形似神异：什么是中日传统政治文化的结构性差异

代中国还有"五德终始论"，新皇帝在推翻老皇帝，建立另一家另一姓政权的时候，除了说自己有德、替天行道，也完全可以用火克金、金克木、木克水、水克火这样的理论，来证明改朝换代的必要性与合法性①。

大家都熟悉，"皇帝轮流做，明年到我家"，这是《西游记》里孙悟空大闹天宫时说的，虽然是小说家言，但也表现了传统中国的一个常识，皇帝不见得永远是一家一姓。"大丈夫当如此也"和"彼可取而代也"，面对秦朝皇帝，刘邦和项羽虽然一个垂涎三尺，一个跃跃欲试，但都是想掀翻秦始皇，自己当皇帝②。当了皇帝的，像刘邦看到底下整整齐齐地跪了一大排官员，就喜滋滋地说，"吾乃今日知为皇帝之贵也"③；没当成皇帝的呢？传说中黄巢就愤愤然说，"待到秋来九月八，我花开后百花杀"或"他年

---

① 见顾颉刚《五德终始说下的政治与历史》，载《古史辨自序》（河北教育出版社重印本，2000）下册；简单的说法可以参看顾颉刚《秦汉的方士与儒生》（"世纪文库"本，上海古籍出版社重印本，2005）第一章"阴阳五行说及理想中的政治制度"，第1~4页。
② 前一句是刘邦说的，见《史记》卷八《高祖本纪》，中华书局，1982，第344页；后一句是项羽的话，见《史记》卷七《项羽本纪》，中华书局，1982，第296页。
③ 《史记》卷九九《刘敬叔孙通列传》，中华书局，1982，第2723页。

上篇　皇权与革命：政治权力的合法性

我若为青帝，报与桃花一处开"。有日本学者统计过，且不说像走马灯一样，秦汉隋唐宋元明清，朝代换了多少个，"你方唱罢我登场"，就是历代近两百个皇帝中，篡弑废立，三分之一以上，不是被杀掉的（31 人），就是自杀的（6 人），还有在压力下被迫退位或被废掉的（33 人）①。

而日本的天皇呢，虽说"万世一系"多少有些夸张，但他们不像中国那样讲嫡长子系，只讲亲缘关系；不讲政治伦理，只讲血缘神圣。这使得它的连续性很强②。按照日本最古老的史书《日本书纪》讲，

---

① 相比较而言，日本从推古天皇以下，自杀的只有 2 人（2.2%），被废立的也只有 3 人（3.2%），强制退位的是 9 人（9.8%）。这一统计，见村田雄二郎『中国皇帝と天皇』，收入山内昌之等编『帝国とはなにか?』，东京：岩波书店，1997，第 119 页。

② 但是，日本学者也指出，由于日本和世界各地家族制度有差异，不是单纯的父系制度和母系制度，而是"双系制"。父系制度的典型如汉民族，"同姓不婚，异姓不养"，特别是皇室，不太支持非血缘亲的养子，日本却没有这种规矩，异母兄妹结婚，即使在皇族系谱中也不少见。尾藤正英认为，这种双系制度有可能与早期日本来自东南亚的绳文人有关。日本的"万世一系"在某种意义上，是否也与这种婚姻制度有关？因为它并不强调直系嫡长子之类父系制的传统，甚至还能接受女性天皇（如推古、持统、元正、孝谦），所以不至于出现中国皇权缺乏直系男性继承人的现象，也不至于有中国的"濮议""大礼议"这种伦理意义上的麻烦。见尾藤正英『日本文化の歴史』（东京：岩波书店，2000、2019），第 25 页。

013

形似神异：什么是中日传统政治文化的结构性差异

天皇是天照大神的后代[①]，也是拥有天照大神亲自赐予三神器的彦火火出见的子孙。这种血缘上的神圣性和唯一性，是谁也取代不了的，所以天皇是神性（文化）的象征[②]。不过有意思的是，这并不意味着他必然拥有政治、军事和文化的全面权力，为什么？因为日本还有很多血统高贵的贵族，像古代的苏我氏、物部氏，以及中世所谓"藤橘源平"四家之类。这当然和日本古代国家形成之初，乃是由各个地方豪强家族整合形成的有关。尽管六至七世纪也就是日本

[①] 『日本書紀』（日本古典文学大系本，坂本太郎、家永三郎等校注本，岩波书店，1967、1979）卷一"神代纪"（第95~147页）说，创世之神的伊奘诺尊有三个儿子，天照大神、月读尊、素戈鸣尊。其中，天照大神治高天原，后来赐给彦火火出见尊三种宝物，即八坂琼曲玉及八咫镜、草薙剑。彦火火出见尊就是神武天皇的曾祖，据说神武天皇也叫彦火火出见（ひこほほでみ），至今天皇的神圣宝就是这三件：玉、镜、剑。不过，日本很多学者如福永光司等认为，这是受到中国道教影响下的神话想象。

[②] 寺泽薰《王权的诞生：弥生时代　古坟时代》（讲谈社"日本的历史"01，米彦军、马宏斌译，文汇出版社，2021）在"终章"中（第384页）也指出了这一点。他说，中国古代的王都是从天皇大帝那里承接"治天下之天命"的有德者，只有有德者才能成为天子；而日本把统治国家的权力限定在万世一系的天皇家手中，并且加上通过"大尝祭"的神灵附体，才能成为天皇大帝的子孙。这是关系到中日政治权力合法性的一个很重要差异。

上篇　皇权与革命：政治权力的合法性

国家形成时代，天皇一族确实强大，所以才把天皇作为天照大神的子孙加以神圣化，所谓《纪》《记》的神代传说就是这样的东西①。不过，日本的天皇也必须把权力分配给其他豪强贵族，所以，到815年修《新撰姓氏录》，一方面强调天皇家族的超越性和神圣性，另一方面也得给一千多姓氏确立来源、搭配神祇以及明确等级。这样的结果，就是把想象中的神灵世界和现实中的世俗世界，构造成互相匹配、秩序井然的一个等级社会②。

所以，在日本历史上，天皇是"贵种"，但不是唯一的"贵种"，这一点很重要。特别是镰仓时代幕府掌权以后，天皇主要只是作为文化象征，而政治权力（军事力量）则可能属于另一些传统的老贵族或崛起的新贵族，也就是幕府将军以及守护各地的贵族大名。就像丸山真男所说的，和中华帝国的"一君万民"专制统治比起来，日本"万世一系"强调的

---

① 后来，久米邦武（くめくにたけ，1839~1931）、津田左右吉（つだ そうきち，1873~1961）等学者，从近代历史观念批判这种神代史的传说，为此还先后遭到迫害，丢了饭碗，甚至差点下狱。
② 列文森（Joseph Levenson）《儒家中国及其现代命运》（刘文楠译，香港：香港中文大学出版社，2023）在第二卷结语"日本与中国君主制的神圣性"中也指出，"前现代中日社会的不同——中国的官僚社会和日本的封建社会——造成了中国和日本君主制的不同命运"（第369页）。

形似神异：什么是中日传统政治文化的结构性差异

只是天皇家是"贵种"中的"贵种"①。不过这也好，这个往往并不实际掌握政治权力的天皇，虽然始终是神圣象征，但只要不像13世纪的后鸟羽上皇(ごとばてんのう，1180~1239)那样为了夺回政治权力，要跟幕府干一仗，平常倒也不那么碍眼和碍事。把天皇搁在京都当作神圣象征，底下的实际政治权力，就由武将们自己去争夺，谁有本事谁当将军。从建久三年（1192）源赖朝(みなもと の よりとも，1147~1199)被任命为征夷大将军，开创武家政权以后，镰仓时代的北条、室町时代的足利、江户时代的德川，至少在文化上还尊奉天皇，就当其是永远的神②，在京都那个地方养尊处优，写诗作画，接受崇拜，仿佛《庄子》里说的那个被供奉在太庙里的千年之神龟，井水不犯河水。一直到时代巨变，或者有政治上的实际需要，或者出了一个天才的有力天皇，比如像明治维新时期需要强人的

---

① 前引丸山真男『历史意识の「古層」』，载『忠誠と反逆：転形期日本の精神史的位相』，第379~380页。
② 佩里·安德森（Perry Anderson）在《绝对主义国家的系谱》（刘北成、龚晓庄译，上海人民出版社，2001）的"两篇笔记"之一《日本的封建主义》中也同意，江户时代幕府"精心恢复了笼罩着天皇朝廷的宗教光环"，这使得天皇朝廷和幕府制度残存的二元性，产生了一种政教分离现象，但同时，这种"二元制"也再次带来权力的分裂。参见《绝对主义国家的系谱》，第474页。

时候，他才会横空出世①。

如果你只从表面上看，传统中国的皇帝和日本的天皇好像一样，中国皇帝诏书中，自称是"奉天承运皇帝"，日本天皇颁布诏书，也自称是"明神御宇天皇"。一个说是"天"，一个说是"神"，但在实际的政治中，中国皇帝和日本天皇，还真是千差万别。只要想一想就知道，就说帝国会有两个中心这件事，中国向来"天无二日，民无二主"，不可能有一个政治权力中心，又有一个文化权力中心。就算是有——当年我写《中国思想史》的时候，曾经挖空心思在历史里找，像北宋一批退休官员以司马光、程颢为中心住在洛阳，用思想文化批评开封（汴京）的宋神宗、王安石为首的一帮人用政治权力搞改革，形成所谓两个中心②，但毕竟洛阳只是退休人士，远远不能和开封的皇权相比；明朝永乐迁都北京，虽然原来的首都南京还有留守的内阁，但是终究比不上北京，只不过是个影子内阁；清朝的承德和北京，有国外学者认为一个象征十八省中国的首都，一个象征内

---

① 最近出版有胡炜权《菊花王朝——两千年日本天皇史》（浙江人民出版社，2020），但我没有看到。
② 参看葛兆光《汴梁与洛阳：文化重心与政治重心的分离——关于11世纪80年代理学历史与思想的考察》，载《历史研究》2000年第5期。

形似神异：什么是中日传统政治文化的结构性差异

亚地区满蒙回藏的中心，但实际上，毕竟还是同一个皇帝在管着。

可是在日本呢？还真是"天有二日，民有二主"。近世日本为什么会有京都作为天皇的王城，而江户作为幕府将军的实际重心（中世是镰仓）？渡边浩教授曾举了一个例子说，东京的上野叫作"东叡山"，与京都的"比叡山"相对；东京上野有宽永寺，京都东山有延历寺，都是用年号作寺庙的名称；德川家康死后，不仅日光有东照宫（也称作"东照大权现"），居然也和京都的天皇一样，被视为"天照大御神"子孙①。本来照理说，幕府将军乃是代天皇执政，象征的只是政治和军事力量，天皇则是名义上的最高领袖，象征的是神圣和文化。但是这样一来，实际上文化权威和政治权力都被分化了，这成了日本特别的政治文化传统。就算天皇不服气，想重新掌握大权，像前面我们提到的 13 世纪后鸟羽上皇，

---

① 在日本，最早把正常死亡的人当作神来祭祀的就是丰臣秀吉。庆长三年（1598）病死的丰臣秀吉留下遗言，希望死后被作为神来祭祀。所以他死后不久，人们就在京都的东山阿弥陀峰造墓，并且计划在旁边的方广寺建社殿。有学者推测，这是建立与源氏氏神的武神"八幡"并列的"新八幡"，以守护子孙丰臣秀赖等人的举措。第二年（1599），朝廷就赠予丰臣秀吉"丰国大明神"的神号。这种神社之创立，此前只有一个先例，就是祭祀藤原氏始祖藤原镰足的多武峰之庙（现在的谈山神社）。

上篇　皇权与革命：政治权力的合法性

他不甘心大权旁落，想掀翻当时的幕府，造成所谓承久（三年）之乱（1221），那也不行①，甚至《平家物语》中，居然把天皇举兵说成是"当今（今天皇的）御谋反"。"御谋反"是什么意思？就是说，当时人们甚至有这样的看法，天皇代表的不是公权力，毋宁说是私权力，你要反过来夺权，就成了"谋反"，尽管你是天皇，"谋反"之前要加上一个"御"字②。到了关原之战（1600）后，德川家康成为征夷大将军、关白、太政大臣，他利用天皇的权威，除了形式上对将军的任命之外，已经掌握了几乎全部公权力，这个公权力叫作"公仪"（こうぎ）。战国时代各地大名有"公仪"，但江户幕府更加强有力，所以叫作"大公仪"（おおこうぎ）③，但它仍然没有与公家彻底分离，天皇还是名义上的日本地位最高的人物。

当然，这种文化神圣性与政治权威性的分离，也

---

① 原胜郎『日本中世史続篇』曾经对承久之乱中天皇、朝廷、幕府三者的关系有一个分析，可以参看。载『日本中世史』（东洋文库本，东京：平凡社，1969），第181页。
② 尾藤正英『日本文化の歴史』，第114页。
③ 〔日〕福泽谕吉《文明论概略》中就说，"中国是一个把专制神权政府传之于万世的国家，日本则是在神权政府的基础上配合以武力的国家。中国是一个因素，日本则包括两个因素"，前引中译本，第18页。

019

形似神异：什么是中日传统政治文化的结构性差异

造成一些历史和现实问题，这就是最终谁才是真正的"神"？谁才是真正的"天"？没有内忧外患的时候还好办，一旦出现危机，就得重新调整。1853 年"黑船事件"之后，这个矛盾就出现了，西南边缘的萨（摩）、长（州）、土（佐）、肥（前）等藩，就借了机会"尊王攘夷"，把幕府推翻，推天皇出来，这才开始了明治维新。我想，这里可能隐含了一个很现代的政治意识——我并不是说，这就是现代政治意识，而是说这可能是导向现代政治意识的传统资源——即领袖、国家和政府，在理念上应当分开①。就像当代的日本，权力当然掌握在政党竞争出来的内阁总理大臣手上，但国家的象征则是天皇。天皇不那么有权，这没关系，他只需要神圣；总理大臣不那么神圣，也没关系，他只需要有权。这种结构的好处是，一旦某一极出现真空或失落，另一极就会填补上去，像幕末时期将军不灵光，就把天皇拱出来掌权，重新收拾山河一片。当然，这种结构的弊端也在这里，有可能导

---

① 福泽谕吉在他很重要的《脱亚论》中，呼吁为了改变现状，一定要"基于'国家为重，政府为轻'的大义，又幸运地依靠帝室的神圣尊严（这里的帝室指天皇——引者注），断然推翻旧政府，建立新政府"。（原文是"國を重しとし，政府を輕しとするの大義に基き，又幸に帝室の神聖尊嚴に依賴して、斷じて舊政府を倒して新政府を立て"）『時事新報』1885 年（明治 18 年）3 月 16 日。

致谁也不负责任，谁都可以推卸责任。丸山真男《日本的思想》曾经指出，日本这种没有绝对坐标的思想和没有统一构造的传统，导致在日本（包括天皇与官僚、民众）政治文化中，缺乏主体责任心，形成所谓"无责任体系"[①]。一方面，"天皇/帝国"至上的所谓"国体"，构成所谓爱国主义情感，支持着一切价值，使得每个人都没有应当负责的道德、良知和责任，所以，一切以"爱国"为名的行为，都被认为是正义的。另一方面，天皇、幕府（或官僚）、民众三者，各有理由对政治行为不负责任：处于顶端的天皇，可以认为这一切是下面推动的，并不是自己的意愿，所以没有责任；官僚则认为，所有政治举措都只是服从上面的旨意，我不过是履行职责，也与个人的伦理、道德和责任无关；而民众则认为，

---

① 见丸山真男『日本の思想』（"岩波新书"本，东京：岩波书店，1961、2002），第37页；又，丸山真男曾经用三个名词，对日本的无责任状态加以分析，即神轿、官僚、无法者。神轿是权威的代表，比如天皇，它虽然处于国家秩序和合法权力的顶端，但它不像中国皇帝控制一切，反而常常无所作为，正如天皇往往只是文化的神圣象征，但并不掌握军事实权；官僚也就是幕府，是真正掌握权力的，背靠天皇的神圣性和正统性，统治各地的豪强和民众，但也受制于各地的豪强和民众；无法者则既是没有力量的乌合之众，也是不受控制的暴力，特别是在日本中世和近世，地方领主和宗教团体常常是不安定的因素

自己没有进入国家统治体系，只是跟随爱国主义情感，所以也无须承担政治责任。

用中国现在流行的话说，就是谁都有理由"甩锅"。这就是日本政治文化中的所谓"无责任状态"，它使得日本政治有时候就像一艘没有舵的船①。

  （比如"一向一揆"），有时候也是整个国家体系变动的原动力，它们未必完全受到神轿或官僚的控制，有时候甚至可以是导致政治变革（如明治维新），也可以是导致国家无序的因素（如第二次世界大战）。丸山真男『超国家主義の論理と心理』（中文版《极端主义国家的逻辑与心理》，收入《现代政治的思想与行动》，陈力卫译，商务印书馆，2018）对于这方面有特别论述，可以参看。

① 这种状态中国人也许难以理解，可是，如果看 2015 年专门为日本战败 70 周年而拍摄的电影《日本最长的一天》，就会有点儿明白。这部电影讲的是 1945 年日本战败的最后时刻，面对必然的失败，最高政治机构里的日本人都说，自己绝对忠于天皇，但天皇却又没权，首相铃木贯太郎、陆军大臣阿南惟几，还有海军大臣、外务大臣等，谁都不能承担责任，不能拍板决定是继续打下去，还是签署投降书。可到了事后，他们都觉得，绝对神圣权力在天皇，可偏偏天皇又说自己不能负责，因为实际控制军队的政治权力不在他那儿。

上篇　皇权与革命：政治权力的合法性

二　忠诚与叛逆：政治伦理的绝对与相对

中国和日本的政治权力合法性的差异，导致了政治伦理原则的绝对化和相对化。

怎么说呢？传统时代所谓政治上的忠诚与叛逆，在中国和日本是很不相同的。丸山真男专门写过一篇长文《忠诚与反叛》，就是讨论日本政治和法律中有关忠诚与反叛的难题，以及这种政治伦理在日本历史上的变迁①。我的理解是，在日本，由于"政出多门"即权力结构是重层的，而不是一元的，因此在日本传统政治文化中，政治伦理往往不像中国那么清晰、严格和绝对。你如果注意到日本所谓"忠诚"，实际上有对天皇的忠诚（文化意义上的），有对将军的忠诚（政治意义上的），还有对主人的忠诚（日常

---

① 丸山真男『忠誠と反逆』一文最早发表于『近代日本思想史講座』（东京：筑摩书房，1960）第六卷，后单独成书为『忠誠と反逆：転形期日本の精神史的位相』；后又收入『丸山真男集』（东京：岩波书店，1996）第八卷。我这里用的是『忠誠と反逆：転形期日本の精神史的位相』（さくま文庫本，东京：筑摩书房，2015）。现在，此书已经有中译，《忠诚与反叛：日本转型期的精神史状况》（路平译，上海文艺出版社，2021）。

形似神异：什么是中日传统政治文化的结构性差异

社会中的），就知道这种忠诚是多元，甚至是彼此冲突的，反过来，这也导致了"叛逆"难以界定。丸山真男引用有贺长雄（ありが ながお，1860~1921）《日本古代法释义》中的疑问，举出承久之乱、南北朝内乱和明治维新三个历史事件为例，说明日本的忠诚和反叛相当复杂。像"承久之乱"中的后鸟羽上皇，他是不言而喻的天皇（甚至是三位天皇的父亲或祖父），可是，由于起兵讨伐幕府，却成了"天皇御谋反"，也就是"反叛"。可是，幕府将军挑战天皇，像北条义时（ほうじょう よしとき，1163~1224）打败后鸟羽上皇，把老天皇流放隐岐群岛，自行拥立茂仁王为新天皇（后堀河天皇），在日本却又不算"反叛"。所以，丸山真男无奈地说，有时候"对朝廷而言是谋反，但从幕府角度看又不算谋反"①。

神圣性和权威性的多元，造成政治伦理价值的分化。按照丸山真男的说法，日本封建性主从关系中，接受"御恩"的从者，就是要向主君"奉公"，也就是要有为主君"献身"的忠诚，但这只是在法律秩序崩坏时代，依赖人格的忠诚而形成互相依赖的私人关系。对武士来说，武士和藩主之间，好像也是一种

---

① 丸山真男『忠誠と反逆：転形期日本の精神史的位相』，第16页。

上篇　皇权与革命：政治权力的合法性

儒家所谓大义、名分的君臣关系，感觉上就是"生死的命运共同体"①。也许，大家听过《忠臣藏》的故事，就是德川纲吉时代，四十六武士（原本有四十七人）为藩主浅野长矩报仇，杀死导致浅野之死的另一个藩主吉良义央，最后被幕府裁定，全部剖腹自杀（此事发生于1703年）。这四十六人在日本被认为是"义士"，这一事件呈现了日本"法"与"忠"，也就是政治与法律、伦理与制度之间的冲突。这一故事是真事，这四十六个人的"忠"，只是对主人的，没什么特别的是非，要按照中国的说法，它就是"愚忠"。

那么，什么是中国人说的"愚忠"？就是不识大体。那什么才是"大体"？在中国就是三纲六纪，最要紧的就是忠于王朝和皇帝的"道德"和"伦理"。在中国传统政治伦理中，忠诚只能奉献给正统王朝和绝对皇权。所谓"孝"，只能对你的生身"父亲"，对其他人就有问题；所谓"忠"，只能对

---

① 丸山真男『忠誠と反逆：転形期日本の精神史の位相』，第22~23页。这里不是原文，只是撮其大意。其实，一个叫汪鹏的中国人，18世纪中叶到日本，就敏锐地观察到，日本虽然接受中国伦理的影响，但是在所谓"五伦"（君臣、父子、夫妇、兄弟、朋友）中，其实"君臣主仆"之义最重，其他都不重要，见《袖海编》（又名《日本碎语》）。

形似神异：什么是中日传统政治文化的结构性差异

本朝的"皇帝"，而忠于其他人（像诸侯王、藩镇）就不行。这是绝对的和严格的。也许，这与中国的"父系制度"相关。王国维《殷周制度论》说，西周的制度改革对于中国绝对重要，其中第一重要的，就是确立了直系"父子"的继承制度，"立子立嫡之制，由是而生宗法及丧服之制，并由是而有封建子弟之制，君天子、臣诸侯之制"[①]。这种"立子立嫡"的单线血亲制度，决定了生父只有一个，皇帝制度决定了君主也只有一个。"天无二日"，所以在中国的伦理价值上只有"一"，没有"二"，更没有"多"。这造成了古代中国政治伦理的几个特点：第一，是有所谓"正统"之争，天下只有一个是"正统"，其他都是"异端"，不可能并存，所谓"紫色蛙声，余分闰位"，那是"名不正言不顺"的；第二，古代中国才会发生所谓尊生父还是尊皇父的争论，宋代的"濮议"、明代的"大

[①] 王国维指出，殷商时代在祭祀的等秩和王位的继承上，还没有以父子为中心的继承观念，也没有区分等级高下的嫡庶制度，这些观念和制度在周代的建立，特别是王位继承的"嫡长子制度"，奠定了后代中国政治文化的特性，造成了古代中国"纳上下于道德，而合天子、诸侯、卿、大夫、庶民，以成一道德之团体"的格局。见《殷周制度论》，《观堂集林》卷一〇，《王国维全集》第八卷（浙江教育出版社、广东教育出版社，2009）第303页。

礼议",就是历史上引人瞩目的大事件,因为无论是父子还是君臣,都必须占有血缘和政治上的第一优位;第三,由于王朝与君主的政治伦理,是绝对的、严格的和清晰的,所以,古代中国才有所谓"贰臣"和"遗民"问题,"贰臣"就是在政治伦理上不绝对忠诚,朝秦暮楚,"遗民"就是政治上不根据是非、强弱,而是根据"旧朝"还是"新朝"或"旧君"还是"新君",决定自己的绝对认同。当然在特别的时代还有一点,即统治者究竟是来自哪一族群,是汉族还是异族,这决定臣民是认同文明还是服从野蛮。这本来也是"愚忠",但它的"忠"是绑在"国/朝廷/皇帝"身上,因此从中国传统政治文化的立场看来,这就是"识大体",懂得大是大非。如果从传统中国的伦理价值观来看,日本武士把"忠"绑在"主人"身上,似乎只是小是小非,好像和中国政治伦理有点儿不太一样。当然,中国政治伦理的"忠",也还是附着于某一张"皮"上的,也是"皮之不存,毛将焉附"的。所以,后来顾炎武看到这一点,就说究竟是"亡国"还是"亡天下","易姓改号,谓之亡国;仁义充塞,而至于率兽食人,人将相食,谓之亡天下",这才重要,你不能因为一家一姓的"国"亡了,就觉得绝望了,要是"天下"也就是文化亡了，那才是真正的绝望①。这当然是后话。

可是在日本，正是由于天皇、将军、大名，都不能绝对拥有道德的权威性和政治的制高点，甚至血缘意义上的父母，也并不一定是绝对忠诚的第一对象②。这里可能还有一个原因，日本天皇和贵族的继承，有男性也有女性，有兄弟、儿子甚至还有妻子，甚至还有养子、赘婿③。按照日本学者所说，中国的"父系制"和日本的"双系制"差别很大。所以，有

---

① 顾炎武《日知录》卷一三《正始》，《顾炎武全集》第18册，上海古籍出版社，2011，第527页。
② 日本学者指出，在日本，"忠"的价值优先于"孝"，原因是日本基层社会并非中国式以父子为主轴的血缘宗族，而是身份上下从属的"いえ"（家）即氏族制度，对于"いえ"（家）制度上的奉仕义务"忠"，比对于实际上血缘的父母之"孝"更为重要。参看尾藤正英主编『日本文化と中国』（东京：大修馆书店，1968）之"序说"，第15页。
③ 举一个例子，平安时代，藤原氏成为最有权势的外戚，藤原不比等的曾孙女乙牟漏、旅子都是桓武天皇之妃，乙牟漏生下平城天皇、嵯峨天皇，旅子生下淳和天皇，那么，平城、嵯峨、淳和就是桓武天皇的同父异母儿子，在传统中国讲究直系父子继承制的政治伦理中，平城、嵯峨、淳和不可能是先后继承的皇帝。而且，平城、嵯峨、淳和这三个同父异母兄弟，竟然娶桓武天皇的三个女儿即大宅、高津、高志三个内亲王，等于是三兄弟娶自己的三姐妹，这在传统中国讲究"同姓不婚"及"五服"的家族伦理中，也是不能接受的。尾藤正英『日本文化の歴史』早就指出这一点，参看本书"附录"一。

关"忠诚"与"反叛"的政治伦理就会分化,远远不是那么清晰①。不仅如此,政治、文化、道德也可以"分化",他的"忠",不必只是对"予一人"的天皇,忠诚可以对幕府将军,也可以对地方上的守护大名,甚至也可以对直接的主人。"只知有藩主,不知有将军,只知有将军,不知有朝廷",似乎在传统日本是很常见的。日本德川时代的学者荻生徂徕(おぎゅうそらい,1666~1728)就曾表示,比起京都的天皇来,江户的将军才是国家的真正君主②。而各地的大名也一样有舍命效忠的死士。福泽谕吉说,明治维新前日本三百多个诸侯各设一个政府,"定下君臣上下之分,掌握生死予夺的大权,其政权之巩固,大有可以传之子孙万代之势"③。所以,很多行为不见得在政治伦理上就一定是你死我活、此是彼非,不

---

① 伊恩·布鲁玛(Ian Buruma)在《创造日本:1853~1964》(倪韬译,四川人民出版社,2018,第16页)中也特别从政治结构上指出,中日之间明显的一个差异是权力分割,中国世俗、神圣以及政治权力都在皇帝身上,而日本天皇与将军分享了神圣(文化)和世俗(政治)权力。他认为,这种分权有一个好处,就是人们造政府的反(包括刺杀政府和军队官员),可以打着效忠天皇的旗号,而没有"叛国"嫌疑。

② 参看吉川幸次郎『仁斎・徂徠・宣長』(东京:岩波书店,1975),第213页。

③ 〔日〕福泽谕吉:《文明论概略》,第7页。

形似神异：什么是中日传统政治文化的结构性差异

是忠臣就是奸臣，不是好人就是坏人。但是在中国，一个王朝一个皇帝总是拥有绝对的、完整的、排他的政治合法性，只有对皇帝的忠诚，才有正当性和道德性，皇帝是最高道德和神圣象征，你就得"忠"，你也得"孝"。反过来，如果你叛变某个王朝，就是"贰臣"（比如洪承畴为清朝立大功但仍是"贰臣"），反对某个皇帝，就是"大逆"（比如方孝孺之被诛十族），甚至为了社稷安危暂时拥立一个新皇帝，也成了"罪过"（比如明代的于谦）。

日本直到明治维新时期，在"尊王攘夷"口号下实现了"大政归还"，表面上权力与权威都集中到了天皇身上，这个时候，忠诚与反叛逆绝对性才转移到对"天皇"、"皇国"和"天朝"身上。正如已故的飞鸟井雅道（1934~2000）指出的，明治政府一方面接过了推进维新的权力，另一方面也负载了普罗大众与维新志士们的忠诚。当他们接受"尊王"的时候，他们确实拥有了极大的权威，但是当他们为了日本近代化而开国，这又与"攘夷"的立场对立，就带来了很多很多的问题。如果你看所谓"明治三杰"的命运，长州藩士对大村益次郎（おおむらますじろう，1824~1869）的刺杀，西乡隆盛（さいごうたかもり，1828~1877）的叛乱与自杀，纪尾井坂之变中士族对大久保利通（おおくぼとしみち，1830~1878）的刺杀，其

上篇　皇权与革命：政治权力的合法性

实正反映了明治时代国家权力从"双重体制"和"重层结构"转换为一元化集权（"古代中国化"）时期，"忠诚"与"反叛"，也就是政治伦理的复杂性①。

我曾提醒说，中国史研究者忽略了明朝的一件大事，这就是前面提及的 15 世纪，当明朝的皇帝（英宗）由于"土木堡之变"被瓦剌俘虏（1449），大臣于谦（1398~1457）居然可以另立新皇帝（代宗），而且还以"社稷为重，君为轻"为理由，这其实是传统中国政治史上很重要的事情。当然，古代儒家总是宣称"民为重，社稷次之，君为轻"，但因为权力来源都是皇帝，所以传统时代的君主其实并不轻。可明朝中叶帝国危机时期，由大臣另立皇帝，这里所谓"君为轻"，其实已经瓦解了皇帝的神圣性和绝对性。但是，在中国那么长的历史上，这似乎是绝无仅有的一例。通常，中国皇帝还是绝对权威，于谦做了这件事情，后来在英宗复辟后，也得被杀死②。

---

① 飞鸟井雅道『日本近代精神史の研究』第二部第二章『内乱期の精神構造——忠誠心の変容』，第 199~225 页；亦可参见飞鸟井雅道《明治大帝》（王仲涛译，人民出版社，2011）。
② 《明史》卷一七〇《于谦传》记载英宗复辟之后，"丁亥，弃（于）谦市，籍其家，家戍边"，第 4550 页；又，参看焦竑《国朝献征录》卷三八《兵部尚书于公谦传》。

形似神异：什么是中日传统政治文化的结构性差异

对于皇帝的忠诚与反叛，对于王朝的捍卫与谋反，在中国常常成为判断绝对是非的尺度和界限，除前面提及的"贰臣"外，口语里面的"叛徒""三姓家奴""汉奸""反复小人"这些词，就让你知道这种政治伦理的绝对性和严厉性，在中国是何等厉害。

入什么祠堂、进什么庙，被冷猪肉供奉，还是跪在门前，让人吐唾沫。其实，我们已经习惯了依据某个似乎神圣的合法性政治权力来划线①。

---

① 在日本的政治伦理中，所谓"反叛"的定义却不一定那么严格，就算是反对了天皇也没什么，甚至反对幕府将军也没有太了不起。比如，幕末时期拥护幕府将军、在上野起兵反抗明治政府的彰义队，按照中国政治伦理来说，就是反对新政的保守派，当遗民还可以，居然起兵造反？在中国政治伦理中，他们算是"十逆"之罪（在日本效仿的唐律中，谋反、谋大逆、谋叛，也是"十恶"之首，即十恶不赦的大罪），但是，日本官方却在上野给他们建了"彰义队碑"，而且其中撰写碑文的人还当了明治政府的官员，也没有谁说他"反复无常"。再以几个日本电影为例，《日本最长的一天》中，著名演员役所广司演的陆军大臣阿南惟几，《永远的0》里面没有活着回来，而是参加了"特攻队"的航空兵队长，以及《中途岛之战》中心理矛盾的山本五十六，在日本对这些人的政治伦理评价中，都有同情的与正面的因素。而且，日本不仅在政治伦理上相对不那么严厉化，在生活伦理上也相对宽松。我去东京三大墓地之一的谷中灵园，看到有一个因为杀人被关押，又被斩首的人的墓碑，只活了二十几岁，如果在中国，这个罪大恶极的罪犯，怎么可能堂而皇之立碑呢？

上篇　皇权与革命：政治权力的合法性

三　革命与改良："改朝换代"
　　　还是"咸与维新"

中日政治合法性基础的差异，也许就影响到两国走向现代过程中的不同路径。

中国皇帝垄断了全部权力、合法性和权威性，所以，大凡要做大改变，必须整个推翻。也许，这就决定了中国的革命也好、改革也好，往往需要"改朝换代"。也就是人们说的"换人做做看"，而无法真的"咸与维新"。在古代中国，儒家表面上很崇尚"禅让"，觉得尧舜真是伟大，可以选贤任能，其实，这种可能性根本是很小很小的。有的学者从文献记载上研究，觉得中国改朝换代有好多是"禅让"，像曹魏取代后汉，西晋取代曹魏，还有像南朝的宋齐梁陈。但是，实际上所有的让位和推辞，都是做做样子的，因为权力就是一切，它不仅意味着财富，甚至还联结着身家性命。所以，一旦某人掌握了全部权力，手下的人就会全部180度大转弯，赶快上"劝进表"，使了劲儿说明你伟大，不光是权力应当归你，文化也是你高明，道德也是你完善，所以你就应当是皇帝。然后呢？这个掌握实权的人假装谦让一下，就顺水推舟当了皇帝。像后来的宋

形似神异：什么是中日传统政治文化的结构性差异

朝取代后周，黄袍加身，陈桥兵变，好像不得已被推上了这个位子，其实也是做做样子，本质上还是打下来的江山，终究还是换了新天地。然后依照传统，大臣和史家就开始塑造伟大光辉的皇帝形象，把原来旧皇帝在政治文化宗教上三合一的伟大与光荣，全部转移到新皇帝身上，再加上编造出身的神话，不是说皇帝他妈妈梦见什么龙附身，就是说生他的时候红光闪现，天降祥瑞。

把全部的政治合法性赋予一家一姓一个皇帝的这一传统，决定了要促成大变化必然要彻底推翻旧王朝，建立新王朝。更何况在中国历史上，皇帝不光有血缘和姓氏的差异，不能让给外姓，让给外姓，就等于彻底改朝换代了，特别是，还有族群的差异，一旦皇帝从汉族变成异族，或者从异族变成汉族，不是"以夷变夏"就是"以夏变夷"。按照前面引用顾炎武的说法，就不仅是"亡国"而且是"亡天下"了。这也许就是晚清不能"君主立宪"，而非得"种族革命"的缘故之一？余英时先生曾经说过，晚清的自我变革，变不出太多的花样，就是因为大清的天下，比中国的天下更重要，亡中国可以，亡大清不行[①]。清皇室其

---

① 此为余英时先生接受马国川访谈时的说法，删节版载《财经》2011 年第 30 期；全文见马国川《告别皇帝的中国》（世界图书出版公司，2012）。

上篇　皇权与革命：政治权力的合法性

实心底想的，就是一家一族的权力很重要，你不推翻他，他根本不会自愿"逊位"，那份《清帝退位诏书》在自愿交出权力的背后，其实，恰恰是对移交权力的满心不情愿。

中国是东亚第一个共和国，这很值得骄傲，但这种从帝制到共和的过程中，其实，有一些激烈革命的历史基因，即所谓"扫帚不到，灰尘照例不会自己跑掉"，你只有"舍得一身剐，敢把皇帝拉下马"。毛泽东所谓"革命不是请客吃饭"的说法，以及流行的"打翻在地再踏上一只脚"口号，就是这种激烈革命的思路，不能全算到受法国大革命影响的头上。由于生存在"改朝换代"就会"断子绝孙"的恐惧中，旧政权总是会用极端方式捍卫王朝。而这种激烈革命的基因，中国有，日本却很少。日本的天皇和中国皇帝不同，他没法垄断一切，因此他也不必包揽一切。血缘不能分享，但权力可以分享。所以，日本最终还是在边藩、武士、改革者，以及外部压力的联合包围之下，走上"君主立宪"的道路[①]。中国所谓"虚君共和"，在日

[①] 庆应三年（1867），强悍的萨摩藩和长州藩联手施压，要求"大政归还"，即天下一切权力由幕府归还朝廷。内外交困之下，德川庆喜不得不上表称"大政奉还"，又在《王政复古大号令》颁布后，辞官纳地。

本倒是实现了，反正它的天皇未必能垄断一切政治、文化和宗教权力，现代日本有了宪法，有了政教分离，有了议会制度，天皇虽然还是万世一系的神，但他在文化象征上的意义，还是远远大于政治权力上的作用。

所以，你得注意中国和日本政治文化，尤其是顶层权力层面的差异。中国皇帝的权力远大于日本天皇，中国是"绝对性的集权"（予一人、寡人、绝对或普遍王权），君要臣死，臣不得不死。历史上虽然有东晋的"王与马，共天下"，但按照已故田余庆先生的看法，这只不过是历史上偶然的"变态"，常态还是皇权独大，门阀"来自皇权政治，又逐步回归于皇权政治"[1]；已故的刘泽华先生也说，中国政治的特点就是皇帝独一无二，皇帝是"天下独占，地位独尊，势位独一，权力独操，决事独断"的"五独"[2]，具有"天盖式的权力"[3]。秦

---

[1] 田余庆：《东晋门阀政治》，北京大学出版社，1989，"自序"，第1~2页；又参看田余庆《门阀政治的终场与太原王氏》，《东晋门阀政治》，第263页。

[2] 刘泽华：《王权至上观念与权力运动大势》，见刘泽华主编《中国传统政治哲学与社会的整合》，中国社会科学出版社，2000。

[3] 刘泽华：《中国的王权主义》，上海人民出版社，2000，特别看第一章第三节。

汉以来，最后到清朝，发展到见皇帝要三叩九拜，甚至臣下对皇上要自称"奴才"。很多学者就认为，这是传统中国之所以难以走上现代民主政治的重要因素。但是，日本王权的所谓"（朝廷与幕府）双重体制"或"（天皇－将军－大名）重层结构"却不同，天皇也罢，将军也罢，大名也罢，虽然是世世代代传承不绝，但他并没有这么绝对性的权力。日本天皇虽然万世一系血脉绵长，明治时代神道与天皇之结合，也证明了天皇之神圣性与他的血缘谱系相关（这一点在明治宪法中有明文规定），但日本天皇的合法性来源与中国皇帝仍有很大不同。由于中国的"天授王权"，必须加上有"德"才能获得天命，有了比较强的儒家德治主义，所以，不符合"德"则不能得"天"之护佑。这不仅给"革命造反"或"改朝换代"提供了合法性，也导致了"革命不是请客吃饭"，而是"造反有理"，要把皇帝拉下马，是"一个阶级推翻另一个阶级的暴动"。可日本"天皇"却不会被"革命造反"或"改朝换代"，无论幕府掌权者怎么变化，从源氏到北条，从北条到足利，从足利到德川，不变的是天皇。山崎闇斋（やまざきあんさあい，1619~1682）曾经说，就算天皇是没有"德"的无道之君，可是因为他被传承了三种神器，那他就是

形似神异：什么是中日传统政治文化的结构性差异

"有德之君"。为什么？因为"此神器与玉体一二无分别故也"①。所以，他就是一个象征性的神祇。尽管也有天武系和天智系的不同、持明院统和大觉寺统的争执，但大家乐得拥戴他，因为无论他有没有"德"，他反正是神圣血脉下的子孙，他反正是"神"，而且他也没有实际的巨大的政治权力。

当然话说回来，这并不意味着天皇一点儿用也没有，只是"聋子的耳朵"——摆设。其实，尽管法律上天皇没有什么太大的权力，但是因为他在文化上的神圣意味，他在某些方面可以成为调整政治取向的微妙砝码，有的时候也能通过文化影响政治政策②。我们不妨看幕末时期日本从"锁国"到"开国"这一根本性转变的过程。从

---

① 转引自丸山真男『闇斎学と闇斎学派』，载『山崎闇斎学派』（"日本思想大系"第31卷，东京：岩波书店，1980），第656页；又，参看桥爪大三郎『丸山眞男の憂鬱』（东京：讲谈社，2017），第103页。

② 参看唐纳德·基恩（Donald Keene）的《明治天皇：1852~1912》（曾小楚、伍秋玉中译本，上海三联书店，2018），他在序言中就指出，天皇也会有影响巨大的重大决策，比如"由于他的介入，才阻止了侵略朝鲜的战争，当时西乡隆盛等大多数大臣主张入侵朝鲜"（第6页）；当然，关于维新时代的明治天皇和二战时期昭和天皇的权力与责任等问题，还需要深入讨论。

上篇 皇权与革命：政治权力的合法性

思想史上看，这时水户学逐渐兴盛，"尊王攘夷"的说法影响了日本上下的观念。恰在这时"黑船来航"（1853），美国东印度舰队司令佩里（Matthew Perry，1794-1858）向日本提出"开国"要求，这对"锁国"已经数百年的日本是极大的事情。幕府征求意见，当时各大名提出的意见书约60通：其中赞成开国的也就是"开国论"有22通；不屈服于无理要求、不赞成开国，但又希望避免战争的，也就是"避战论"是18通；认为必须严守锁国体制的"锁国论"是19通。其中，前两种看法占了40通。幕府根据这个结果，于第二年（安政元年，1854）签订了《日米和亲条约》，给船只提供燃料和食品，开放下田和箱馆两个港口。据日本学者尾藤正英的说法，这并不意味着幕府的权力削弱，而是意味着幕府的政策得到大名的支持，反而增强了幕府的立场①。

但是，天皇虽然只是虚位，但也并不完全是"聋子的耳朵"——摆设，接下去的事态发展出乎人们的意料。由于当时第二次鸦片战争（1856）发

---

① 尾藤正英『日本文化の歴史』，第206~207页。当时，越前藩主松平庆永（1828~1890）、萨摩藩主岛津齐彬（1809~1858）、宇和岛藩主伊达宗城（1818~1892）等主张开国的地方大名，开始介入幕末的政治变动。

生的消息传来，幕府内部对与美方签订进一步协议有些犹豫，于是，1857年幕府将军派堀田正睦（1810~1864，接替刚刚去世的阿部正弘担任老中首座）去京都征求天皇的意见，但天皇并不表态，堀田正睦空手而归。这时，近江彦根藩的藩主井伊直弼（いい なおすけ，1815~1860）担任大老，大老虽然是虚衔，但掌握实权的井伊却在这一年擅自与美国签订了《日米修好通商条约》。有意思的是，由于这个决定没有得到天皇的批准，使得幕府的立场很尴尬：一方面没有得到天皇之命，违背了"尊王"的精神；一方面擅自轻易与美国签约，又违背了"攘夷"的精神。于是这来自水户学的"尊王攘夷"，反而成了攻击幕府的"公论"。这一年，在京都的孝明天皇给水户藩送去密件，征询各个大名对于幕府将军此番处置的意见。原本处于虚位的天皇这一异常举动，居然无视幕府的权威，最终使得井伊发动"安政大狱"①，严厉处罚反幕府的人士，

---

① 所谓"安政大狱"，指1859年井伊直弼发动镇压反对派的活动。由于孝明天皇也表示对日美条约和开港的不满意，对幕府行为进行非议，所以井伊对各方，包括公家、大名、家臣进行镇压，并且对越前藩士桥本左内、长州藩士吉田松阴、若狭小滨藩士梅田云滨、赖山阳的儿子三树三郎等超过百人处刑，激起激烈反弹。

这导致了第二年（1860）水户藩的脱藩武士在樱田门外刺杀井伊①。这一事件之后，幕府再也无法独断专行，不能不与天皇（朝廷公家）和诸大名妥协②，并终于形成所谓"大公议所"（类似国会）和"小公议所"（类似地方议会），在这种"公议"下，这才有了后来德川庆喜在二条城召集藩主们决定的"大政归还"，也才有了此后的"明治维新"。

有趣的是，明治元年（1868）作为新政府方针公布天下的《五条誓文》，第一条就是"广兴会议，以公论决万机"③。在这一事件背后，你可以看到幕府、天皇、大名之间的博弈，也让我们看到"政出多门"之后，权力之间就有了移动和制衡的可能性。显然，走向近代过程中的日本政治权力结构，并不是中国皇权那样高度集中的独裁或专制。一人独裁或专制的结果，往往就是皇帝与王朝、统治者

---

① 这就是所谓"樱田门外之变"。
② 即所谓"公武合体政策"，当时幕府的老中安藤信正（1819~1871）为了挽回幕府的权威，促使政局稳定，推进将军与天皇两方的联姻（将军家茂迎娶孝明天皇的妹妹和宫），但是尊王攘夷论者激烈批评，文久二年（1862），安藤在江户城坂下门外被水户藩脱藩的浪人袭击（"坂下门外之变"），很快就失势了。
③ 尾藤正英『日本文化の歴史』，第208~209页。

形似神异：什么是中日传统政治文化的结构性差异

与国家的一荣俱荣、一损俱损，根本不可能有妥协的空间①。

---

① 当然，历史上日本的天皇不具有绝对权力，并不意味着天皇对于政治就没有责任。比如，如何评价昭和天皇在二战中应当担负的责任，仍是需要深思的，因为他毕竟是帝国最高权力的象征，明治之后天皇拥有很大权力，他的言行必然影响到政治决策，在二战中昭和天皇不可能对日本的侵略政策没有影响。同样，平成天皇对于二战的态度，也多少制约着日本政府的态度。如果你看到令和元年（2019）在日本，平成天皇退位与令和天皇即位那万众瞩目的场面，你就可以知道，神还是神，至少在好多日本人心目中，他是神圣的、文雅的、纯洁的象征。

上篇　皇权与革命：政治权力的合法性

四　"革命"还是"放伐"：
一个初步讨论

回到"汤武革命"这个起点。

汤武是革命还是叛逆？万世一系也就是天皇之血缘是必然神圣的吗？天皇和幕府谁应当垄断全部合法性权力？是"溥天之下，莫非王土"皇帝一手遮天，还是"建诸侯以为藩屏"适当分权更为合理？

到了江户时代，一些日本学者开始意识到"汤武革命"——他们更多的是使用"汤武放伐"这个说法——这一主题在政治文化上的严重性。这是因为一方面，在儒家的思想系统中，"汤武革命"有可能助长以下犯上、改朝换代的革命，这与维护三纲六纪，特别是皇帝绝对神圣性的儒家原则，有难以化解的深刻矛盾。另一方面，来自中国的这种皇权需要"以德配天"的说法，和日本现实中的天皇与"神"相连，因而世世代代延续，也有不可调和的地方。因此，在山崎闇斋门下，就发生了有关"汤武革命"的激烈争论①。

---

① 实际上，伊藤仁斋（いとうじんさい，1627~1705）在《孟子古义》中已经注意到"汤武革命"还是"汤武放伐"这一问题。参看渡边浩『日本政治思想史：十七~十九世纪』（东京：东京大学出版会，2010）第五章，第109~110页。

形似神异：什么是中日传统政治文化的结构性差异

佐藤直方（さとうなおかた，1650～1719）觉得，汤武革命是对悖逆天道的桀、纣的讨伐，应当是正义的，然而浅见絅斋（あさみけいさい，1652～1712）则认为，以下犯上的汤武是不合法的①。正如学者看到的，这一争论表面上讨论的是古代中国历史，实质上，背后的意涵涉及日本现实政治。如果直截了当地说，就是：（1）日本能不能彻底改朝换代，也就是"易姓革命"，不再万世一系？（2）更进一步，就是幕府将军能不能废除天皇，自己当名实相符、集大权于一身的"日本国王"或"日本皇帝"，换句话说，就是能不能"换人做做看"？（3）废除或取代天皇，会不会涉及政治伦理上的"忠诚"或"叛逆"，在历史上将如何评价？（4）有力量的人如果取代天皇，成为集政治、宗教、文化权威于一身的集权君主，日本那些贵族与地方豪强能够容忍和接受吗？这在日本几乎是不可能，可是相反，这在中国却可能。

我一直觉得，"专制"或者"集权"并不是一个纯粹概念，而是一个历史上的政治文化现象，究竟这个国家是不是"专制"或者"集权"，辨析概念来源

---

① 关于山崎闇斎门下有关"汤武放伐"的争论，参看丸山真男『闇斎学と闇斎学派』，原载"日本思想大系"第31卷『山崎闇斎学派』（东京：岩波书店，1980），第601～674页。

上篇　皇权与革命：政治权力的合法性

以及精确定义固然重要，但更重要的是，仔细考察历史中的三个现象，并以此作为指标。一是君主与臣下的关系如何——是政治、宗教、知识的权威三位一体，因而乾纲独断、圣上英明，以至于君要臣死臣不得不死；还是臣下像日本的幕府一样，可以"另立中央"，把文化、政治、宗教权力适当分化？如果是前者，当然就是专制的皇权。二是帝国与地方的权力关系如何——是帝国权力通过官僚系统像毛细血管一样渗透到地方（郡县制），还是地方始终拥有相对的行政、司法、财政独立性（封建制）？如果地方官员必须由帝国任命，地方司法必须依据帝国统一法律，地方财税收入随时可能被帝国征收，地方民众都成为帝国的编户齐民，那么，当然这就是帝国的集权；如果地方首长可以世袭，地方民众归属而且认同这些世袭的诸侯或藩主，而且观念中居然是"诸侯，国家之君也"[1]，那么也许这就不能称之为"集权"。三是考察政治权力与宗教权力之间的关系如何——简单地说，在中古中国，从五世纪延绵到七世纪的"沙门不敬王者"之争论，在盛唐时代终于结束之后，古

---

[1] 这是江户中后期高野泰助「昇平夜話」（1796）上篇卷一「本務当務」、卷二「政事」中的话，转引自松田宏一郎『江戸の知識から明治の政治へ』（东京：ぺりかん社，2008），第109页。

形似神异：什么是中日传统政治文化的结构性差异

代中国的宗教权力始终是匍匐在政治权力之下，在政治意识形态上也只能充当儒家学说的辅助①，甚至连宗教教义也常常要皇帝裁决，就像唐代宫廷的"三教论衡"和清代皇帝的"拣魔辨异"②。但日本的佛教寺院却不同，他们与"公家""武家"并称"寺家"，不仅拥有巨大的财力以及可观的军力，而后来形成的"檀家制度"③更使得它与社会各阶层结成紧密的关系。佛教僧人也常常介入实际政治：一方面，禅僧们长期充当精英文化的传播者和国际事务的担当者④；另一方面，佛教也会形成对抗中央与地方权力

---

① 《旧唐书》《新唐书》均记载，唐代朝廷有规定，宗教徒不仅要拜见皇帝，而且"道士、女冠、僧尼致拜父母"。除此之外，佛教与道教的最高领袖的僧统、道统，需要得到中央政府任命，佛教寺院和道教宫观不能拥有军队，佛教与道教基本上不可以干预世俗政治事务。所以叫作"方外"。
② 参看雍正《拣魔辨异录》，见《续藏经》（京都：藏经书院，1905～1912）第65册；关于清代雍正皇帝对佛教的清理与打击，以及建立皇权对宗教的控制，可以参看宫崎市定《雍正帝：中国的独裁君主》（孙晓莹译，社会科学文献出版社，2016）。
③ 所谓"檀家制度"，即十四世纪以后，净土、净土真宗、曹洞、日莲等新佛教各自形成大规模的教团，上至皇室（京都真言宗的泉涌寺）、德川将军（江户净土宗的增上寺），下至一般民众，都是某个寺院的信众，这个寺院就是他的"家"，家族死后的葬式、追祭都由这个寺院负责。
④ 像日本天皇与将军往往会成为佛弟子或受戒者，奉僧人为国师，而禅僧也往往作为外交使节与中枢文胆。

上篇　皇权与革命：政治权力的合法性

的力量，就像"一向一揆"，净土真宗一向宗以石山本愿寺为核心，形成的"圣战"自治组织，甚至可以与各地大名匹敌。这一点，你只要想一想织田信长为什么要火烧延历寺（1571），攻打石山本愿寺（1580），就可以明白①。

总而言之，无论在皇帝与臣下的关系、中央与地方的关系，还是政治与宗教这三大关系上，中国和日本都相差很大，也许，这就是中日政治文化的结构性差异。在这一篇里，讨论的主题就是皇帝（或天皇）与臣下（或者幕府）的关系，至于中央与地方、政治与宗教的关系，我们将在中篇与下篇接着讨论。

---

① 关于这一点，请参看下篇"王权与神佛：意识形态与宗教信仰"。

中篇　郡县与封建：国家形态与社会结构

上篇提到了《忠臣藏》。这里就再从这个故事开始。

《忠臣藏》是日本的一部歌舞伎戏，十八世纪中叶开始上演。但是，它说的是江户时代的一件真事，发生在日本的元禄十四年、清代康熙四十年，也就是1701年的三月，也叫作"赤穗事件"。那一年，在江户参加接待朝廷敕使（天皇之代表）活动的赤穗藩主浅野长矩（1667~1701），用腰刀砍伤了吉良义央（也叫吉良上野介，当时江户幕府高家肝煎即大领主，1641~1703）。当时，幕府将军德川纲吉（とくがわ つなよし，1646~1709）很生气，不分青红皂白，裁定浅野长矩即日切腹，并且声称要撤销赤穗藩，当天，浅野就在田村右京太夫邸切腹自杀。

中篇　郡县与封建：国家形态与社会结构

这就是所谓"赤穗事件"的开端。赤穗是靠近濑户内海的一个藩。事情发生后，浅野家的两个家臣（早水藤左卫门和萱野三平）匆匆从江户出发赶回赤穗藩，把事情告诉赤穗藩的首席家老大石良雄（内藏助，即所谓"忠臣藏"），大石良雄马上召开家臣会议。一方面试图要求幕府撤回成命，复兴赤穗藩；另一方面处心积虑要为主人复仇。经过一年多的准备，他们决定刺杀吉良义央，虽然这时吉良也觉得不安，宣布退隐。但四十六个忠于浅野长矩的义士，终于成功夜袭吉良宅邸，刺杀了仇人，并把首级带回泉岳寺用来祭奠主人，事后全体在原地静等官府的裁决。复仇虽然符合"义"，却触犯了"法"，将军德川纲吉裁定他们切腹自杀，于是，四十几个义士以庄严的武士礼仪切腹自杀，死后，他们和主人浅野长矩都被隆重葬于泉岳寺。

这件事情，被日本人视为表现了武士的忠诚。那么，这里就有几个值得深思的问题，我们要问，这忠诚是忠诚谁呢？要忠诚于自己的藩主（主人），就可以不听命于国家和代表国家的地位更高的幕府将军，甚至不尊重普遍性的法律吗？藩主和武士的这种生死相依的关系，为什么这么牢固，而且受到日本社会长久的支持和赞扬？究竟为什么，藩主可以有这样大的权威，甚至在他死后也并不"树倒猢狲散"，让手下的武士群体不惜性命为自己复仇？

从那时到现在，很多日本学者比如江户时代的林信笃(はやし ほうこう，号凤冈，1645~1732)、室鸠巢(むろ きゅうそう，1658~1734)、荻生徂徕、太宰纯(だざい しゅんだい，号春台，1680~1747)，一直到现代的丸山真男，都对此事对传统日本社会伦理的冲击和困境有过议论，众说纷纭①。美国非常著名的日本史专家，曾经担任过哈燕社社长的阿尔伯特·克雷格(Albert M. Craig)，也在《哈佛日本文明简史》(*The Heritage of Japanese Civilization*) 中，特别注意这件事情的

---

① 林信笃「義士挽詩」「復讐論」、室鸠巢「赤穂義人録序」、荻生徂徕「論四十七士事」、太宰纯「赤穂四十六士論」等，这里不一一引述，可参看『近世武家思想』(日本思想大系27·东京：岩波书店，1974) 所收诸文。其中，只有荻生徂徕持略为负面的看法，认为是"一朝之忿""匹夫之勇"，导致赤穗国之灭，而大多数学者认为，这表现了日本传统里下对上的"忠诚"。丸山真男在《日本政治思想史研究》(王中江译本，生活·读书·新知三联书店，2000，第46页) 指出，近世后半期围绕此事"无休无止的论争"，表明这是"封建的主从关系"与"幕府的统一政权"之间的明显冲突。按：在日文原文中，丸山真男用了"致命的铁锤"一词，形容它对日本社会的忠诚与反叛之伦理给予的冲击。尽管明治元年(1868) 十一月五日天皇颁诏书，表彰这四十六个武士的壮举，"使百世以下执人感奋兴起"，为此事的是非画下句号，但实际上有关此事在思想、文化、哲学、法律等方面意义的讨论，仍然很热烈。

中篇　郡县与封建：国家形态与社会结构

象征意义。他说，这一事件表现了日本政治文化的三个特征：一是德川时代大名的权威得到幕府的支持，武士对主人的"绝对效忠"内化成一种"宗教性质的责任"；二是法律在德川时代已经是社会秩序的基础，这种对主人的绝对忠诚虽然表现了日本式的"道德纯洁"，但是道德与法律冲突，在两难处境下，他们这些道德勇士不得不死；三是那个时代，这种武士的忠诚与理想不是男性的专利，而是普遍民众的道德追求[①]。

但我觉得，仍然需要再往下追问。需要问的是，为什么国家的法律与个人的道德会冲突？为什么忠诚不能在国家（朝廷、幕府）和地方（大名、藩主）之间协调统一？为什么武士对于主人的忠诚，不仅超越了对国家的责任，而且超越了个人的生命？因此，我觉得这个故事不仅涉及政治伦理，也就是丸山真男《忠诚与反叛》这部书的内容；更涉及日本传统国家的重层结构，也就是今天我要讨论的一个话题——在日本的国家内部和政治结构中，地方势力为什么如此强大，大到可以和天皇、幕府分享武士的忠诚；而中国的地方势力，为什么只能服从

---

① 〔美〕阿尔伯特·克雷格：《哈佛日本文明简史》，李虎、林娟译，世界图书出版公司，2014，第80~82页。

于皇权，在政治伦理上，只有效忠皇帝，才可以算是"忠臣"？

这涉及传统中国与日本在政治文化上的一个结构性差异，也就是国家形态和社会结构，究竟是"郡县"还是"封建"①？

---

① 有关"郡县"与"封建"的问题，张翔、园田英弘编『「封建」・「郡県」再考—東アジア社会体制論の深層』（东京：思文阁出版，2006）值得参考。

中篇　郡县与封建：国家形态与社会结构

一　成为律令制国家了吗？——日本的双重体制与重层结构

在上篇中，我曾讲到传统日本国家的顶层权力，不像传统中国那样呈金字塔结构，天皇（或将军）并不能像中国皇帝那样，始终独一无二地处于这个金字塔的顶端。在六至七世纪古代日本国家形成过程中，先是天皇与贵族的联合体制，到中世之后更逐渐形成"天皇-幕府"这样的双重体制，以及"天皇-幕府-大名"这样的重层结构。其间或许有短暂的曲折，比如镰仓幕府瓦解后，有后醍醐天皇（ごだいごてんのう，1288～1339）短命的"公家一统"（1333～1334）①，但总的来说，中世以后的日本，基本上维持了这种"双重体制"和"重层结构"。因此，日本始终不像中国那样，权力全部集中于皇帝，中央可以对地方进行垂直的直接管理。用一个比喻来说，就是日本天皇（或幕府）的权力触角，并不像中国皇帝那样，可以通过帝国行政系统与各级官僚，强有力地从

---

① 后醍醐天皇的"建武新政"，试图建立集权的专制体制，有人认为是"受到宋朝的君主独裁制度以及朱子学、宋学的影响"，〔日〕网野善彦《日本社会的历史》（刘军、饶雪梅中译本，社会科学文献出版社，2011，第238页）也同意这一说法。

形似神异：什么是中日传统政治文化的结构性差异

中央延伸到地方，管控基层社会的方方面面。所以说，在国家形态和社会结构上，传统日本和传统中国还是很不一样的。

请允许我再做进一步的解说。什么是传统日本的"双重体制"？简单地说，就是在日本古代国家形成之初，天皇就不是秦汉以后中国皇帝那样的"普遍皇权"（universal kingship）①，他无法垄断全部神圣性与绝对性，世袭的贵族家与天皇家往往分享权力。特别是在中世以后，所谓"公家"即天皇朝廷，与幕府将军即"武家"（甚至还要加上宗教势力即"寺家"）始终是"王与马，共天下"，以不同形式分享着政治、经济和军事权力。那么，什么是传统日本的"重层结构"？就是尽管天皇是"神"，幕府是"国王/大君/将军"，但日本的地方首领始终很有权势，而且是世袭的，即传统中国所谓"封建制"。日本历史上，这种"封建制"从来就没有真正和彻底地改变过②，

---

① 所谓"普遍皇权"，指的是皇权不仅垄断了政治权力，而且垄断了宗教神权和知识真理的权力。参看《史华慈、林毓生对话录：一些关于中国近代和现代思想、文化与政治的感想》，载林毓生《思想与人物》，第439~468页。

② 前田勉『近世日本の封建、郡県論のふたつの論点』中列举了不少例子，指出过去有学者对镰仓至江户幕府之前的日本是否一直是"封建"颇有疑问，认为日本应当是"封建—郡县—封建"的历史过程（如本居宣长『本居宣

中篇 郡县与封建：国家形态与社会结构

从古代日本的贵族，到中世和近世的守护大名，他们都拥有各自的武装、俸禄和领地，并控制着大大小小的庄园领主①。他们仿佛古代中国春秋战国的诸侯，名义上拥戴共主，实际上各自为政，世代相袭，无论是在日本的飞鸟、平安时代，还是镰仓、室町时代，还是德川将军威势达到顶峰的江户时代。

然而传统中国却不同。从秦朝统一之后，此前那种"诸侯各守其封域，或朝或否，相侵暴乱，残伐不止"的局面就基本结束了。正如李斯所说，从此"天下已定，法令出一。百姓当家则力农工，士则学习法令辟禁"②。汉承秦制，在平定吴楚七国之乱之后，更是"强干弱枝"，此后的传统帝制时代，中国

長随筆』卷十一、幕末时代的国学者大国隆正『馭戎問答』卷上）；也有学者认为日本古代是郡县制，后来是封建制〔如荻生徂徕『徂徕先生答問書』卷上、太宰纯（春台）『经济录』卷一、赖山阳『通議』卷一〕。见张翔、园田英弘编『「封建」•「郡県」再考—東アジア社会体制論の深層』，第256页。但是，我还是同意水林彪在『歷史学的概念としての「封建制」と「郡県制」』中的看法，由于日本地方势力的强大，与中国相比较，日本始终应当是"封建制"，见同上书第42～43页。

① 这种拥有土地、庶民和武士的大名，下面还有直接管理地方的庄园领主，或叫"名主"（多见于东日本），或叫"庄屋"（多见于西日本），或叫"肝煎"（多见于九州）。
② 《史记》卷六《秦始皇本纪》，第246、255页。

基本上是中央直接管理地方的"郡县制"。历史上，各朝各代虽然时时有分封诸侯之举（如西晋、明代），也往往有雄藩逞强之势（如唐代的藩镇割据），但总的趋势还是中央直接控制地方，或者中央要求直接控制地方。而且，经由察举与科举，传统中国早就建立起人数众多、上下流动的文人官僚队伍，在中央任命下代表朝廷管理地方①；更加上从秦汉时代起，帝国就"去地方军事化"即取消了地方的军事力量，并在中古时期（汉—唐）使得贵族制度逐渐瓦解②。正因为如此，秦汉以后尽管先后有"吴楚七国之乱""西晋八王之乱""唐代安史之乱"，一直到"明代宸濠之乱"，但大体上，很少有日本所谓"下克上"，

---

① 韦伯（Max Weber）把中国历史上皇权与官僚体制叫作"家产制国家"，孔飞力（Philip Alden Kuhn）把它叫作"君主官僚制"。周雪光则进一步指出，在中国的这个支配形式中，皇权与官僚各有合法性基础，君主拥有至高无上的权力，权力合法性建立在传统权威的祖宗之法和君权天授的卡里斯玛权威，体现在"德治天下"；而官僚体制的合法性源于自上而下的"授权"，集中表现在"向上负责制"。这个分析很有道理。参看周雪光《中国国家治理的制度逻辑：一个组织学研究》，生活·读书·新知三联书店，2017，第63~64页。

② 这就是田余庆《东晋门阀政治》"自序"中所说的"王与马，共天下"的皇帝与贵族共治，只是中国史上"一种在特定条件下出现的皇权政治的变态"，而皇权独大才是中国史上的常态，该书第1~2页。

中篇　郡县与封建：国家形态与社会结构

即地方诸侯成功反对中央皇权的现象，除非整体地改朝换代。

特别要强调的是宋代以后的历史变化。正如南宋人叶适观察到的，"国家因唐、五季之极弊，收敛藩镇，权归于上，一兵之籍，一财之源，一地之守，皆人主自为之也。欲专大利而无受其大害，遂废人而用法，废官而用吏，禁防纤悉，特与古异，而威柄最为不分"[1]。宋代皇帝不仅"惩五代藩镇专恣，颇用文臣知州，复设通判以贰之"，形成地方官员互相监控的格局[2]，还对路、州、县长官采取回避本贯（或寄居地）、回避祖产所在地（或妻家田产）、回避亲属的规定，阻止地方势力的滋长。加上财政完全由中央控制，"诸州财赋于度支经费外，番送京师，总于三司"，留在地方的部分，地方官"非条例有数，不敢擅支"[3]。因此，中国历史上这一集权化的趋势越来越厉害。不仅在军事力量、行政官员、财赋收入上完

---

[1] 叶适：《外稿·始议二》，《水心别集》卷一〇，收入《叶适集》（中华书局，1961），第759页。

[2] 《宋史》卷一六一《职官一》，中华书局，1985，第3768~3769页。

[3] 李光《论制国用札子》，《庄简集》卷八；转引自黄宽重《宋代基层社会的权力结构与运作——以县为主的考察》，载黄宽重主编《中国史新论——基层社会分册》，台北："中央研究院"及联经出版公司，2009，第296页。

形似神异：什么是中日传统政治文化的结构性差异

全中央化，而且州县之下的地方基层，从唐宋到明清，管理方式越来越完善和严密。州县以下，代表官府治理和管控地方的，唐代地方有里正、村（坊）正；宋代县衙有胥吏、弓手；明代初期更有可以"赴京面奏"，与地方官府相互监督的耆宿①。在明清两代，朝廷更是不断强化与完善地方的里甲或保甲制度，用以征缴赋税和维护治安②。因此，帝国的权力就如同水银泻地，几乎无孔不入地渗透到中国社会，地方官员只是代替中央收税和维持地方秩序的代理人③，绝不可能形成"国中之国"，形成敢与皇帝和朝廷叫板的封建势力。

但日本真是不一样。江户时代的荻生徂徕曾经有

---

① 参看朱元璋《大诰续编·耆宿第八》，载《全明文》第一册，上海古籍出版社，1992，第628页。
② 明代洪武十四年规定，天下郡县编赋役黄册，以一百一十户为一里（城中曰坊，近城曰厢），分为十甲，里有里长，甲有甲长，"每里编为一册，册之首总为一图"，见《明太祖实录》，台北："中央研究院"影印本，1962，第2143页。这是明代通过赋役把编户齐民规整化的措施。到清代，更形成治理地方基层社会的两大机制，即负责"催督钱粮"的里甲和负责"缉盗安良"的保甲，这一严密的地方社会管控方式源远流长，影响深远。可参看刘铮云《乡地保甲与州县科派——清代的基层社会治理》，见前引黄宽重主编《中国史新论——基层社会分册》，第419页。
③ 这一点，可以参看许倬云《说中国：一个不断变化的复杂共同体》（广西师范大学出版社，2015），第200页。

中篇　郡县与封建：国家形态与社会结构

一个比喻。他说，天皇就像东周时代"共主"，这个比喻很有深意。躲在洛阳的周王虽然是"共主"，但只是名义上的，他用"东周"这个比喻，说明日本实际上就像秦汉之前中国的东周时代那样群雄割据①。在传统时代的日本，无论是天皇还是将军，都未必有绝对的控制力，相反，贵族和地方却时时有某种过大的力量，无论是早期的物部氏和苏我氏，还是摄关政治时代的藤原氏和源氏，都仿佛中国东晋时代的"王与马，共天下"的"王"，即与皇帝共治的贵族，他们对政治有极大的发言权②。就是幕府将军权力最大的德川时代，也只是所谓"幕藩体制"（ばくはんたいせい），地方大名还是很强大，二百多个地方大名，除了少数之外，大都各自为政。十六个最大的藩中，至少有十一个是外藩，他们占有全日本四

---

① 前引吉川幸次郎『仁斋、徂徕、宣長』，第214页。
② 简单说，五至六世纪，日本两大贵族权臣苏我氏和物部氏，就很有势力，他们之间的争执决定了佛教能否作为国家信仰；七世纪，天皇家与外戚苏我氏之间的关系就非常密切，在皇极天皇即位之后，天皇的继承往往受到苏我氏的影响；到八世纪即奈良时代，藤原氏由于与天皇联姻的缘故，权势极大；而九至十一世纪又有所谓的摄关政治，即天皇未成年时期，摄政代行天皇政务，天皇成年之后，由关白辅佐朝政。日常处理国家事务的公卿会议中，以太政官为中心，左大臣、右大臣、大纳言、中纳言等贵族出身的官员，掌握了很大的权力。

形似神异：什么是中日传统政治文化的结构性差异

成以上的土地，甚至拥有远远超过规定数字的军队（像萨摩藩有两万八千名武士，超过限额两倍；长州藩有一万一千名武士，也超过限额很多）。所以，在明治维新时期，当日本学者不仅了解中国，也看到了欧洲的时候，就对日本这种国家形态进行了比较和反省。有人从历史上指出，大家习惯上都以为日本深受中国影响，其实日本和欧洲才很相像，因为都是封建制；和中国完全不像，因为日本压根儿没有实现真正的郡县制。也有人根据这类国家形态，思考日本所应选择的近代转型道路，说由于日本和欧洲的国家形态与社会状况相类似，反而和亚洲尤其中国不一样，所以应当"脱亚入欧"，走欧洲国家的近代化或文明化道路。

也许有人会质疑：日本古代国家的建立不是在很大程度上模仿了隋唐国家制度吗？日本在七世纪不是全面引进了隋唐的律令制吗[①]？比如影响巨大的日本

---

① 比如傅高义（Ezra F. Vogel）的《中国和日本：1500年的交流史》（毛升译，香港：香港中文大学出版社，2019）就认为，从推古天皇、圣德太子到孝德天皇，包括颁布《冠位十二阶》、《十七条宪法》、大化改新，一直到《大宝律令》，都在试图从制度上"瓦解氏族权力""希望加强中央集权""废除氏姓制度，剥夺氏族操控成员命运的权力"。但他没有提到，从后来的历史看，尤其是对照隋唐以后中国的律令制国家形态，日本的中央集权和去除贵族势力，显然并不彻底也不完全成功。该书第7~9页。

中篇　郡县与封建：国家形态与社会结构

学者西嶋定生（にしじまさだお、1919~1998）就说，律令制国家是东亚文化圈的共性之一①。但实际上，日本古代国家和隋唐以及此后的中华帝国很不一样。为什么不一样？因为日本从一开始形成的古代国家，不像中国那样由"秦王扫六合"，所谓"六国灭，天下一"，而是"六国不灭，天下不一"，是由各个豪族共同体在相互联合和妥协中构成的。就连后来被认为是日本古代国家成熟的标志性事件"大化革新"（645），有学者说，其实也不过就是以"大王"（天皇）为中心，对这些地域共同体的初步统合。而日本最初的古代国家，也只是由畿内（即大和、河内、和泉、摄津、山城）五国地区的豪族，形成以"大王"为中心的联合政权，对周边逐渐征服而形成的，故而学界对那个时代的日本国家有所谓"畿内政权"的说法。尾藤正英曾指出，"根据'畿内政权'这种说法，大王（天皇）的权力，并非中国那样的专制型，而只是行使强大豪族制约下的权力，而这样作为氏族联合体的中央政府的性质，在律令制导入后也继承下来，故成为太政官合议制"②。也就是说，古代日本天皇的集权，远没有中国皇帝那么厉害。朱熹曾

---

① 西嶋定生『古代東アジア世界と日本』（李成市编，岩波现代文库，东京：岩波书店，2000），第5~6页。
② 尾藤正英『日本文化の歴史』，第32页。

说，秦始皇以后，"尽是尊君卑臣之事，所以后世不肯变"①，秦汉之后，中国的皇帝发出圣旨，马上逐级层层下达，仿佛地动山摇。我们常常看到所谓"钦差大臣""尚方宝剑""口衔天宪"之类的词语，就知道中国皇权的厉害。所以说，古代中国一切权力、一切利益，以及一切合法性，都必然地来自皇权，这一点儿也不错②。

而日本呢？朝廷也罢，幕府也罢，中央政府并不具有那么绝对的权力，尽管古代日本比中国地盘小，但各个地方却仿佛军阀割据。也许有人会说，日本古代国家形成之初，不是也曾试图实行"国—郡—里"这样逐级管理的行政制度，并且国置国司、郡置郡司、里置里长吗？但是，在漫长的历史过程中，日本最初计划的这种整齐划一、类似金字塔式的国家结构，大多只是理想或设想，最多是朝廷有意识的推动，但并没有真正的建立，更谈不上完善。正如網野善彦（あみの よしひこ、1928~2004）所说，日本的这种"双重统治关系"，源于日本国家形成之初

---

① 《朱子语类》卷一三四，《朱子全书》第 18 册，上海古籍出版社、安徽教育出版社，2002，第 4189 页。
② 参看余英时《君尊臣卑下的君权与相权》，载《历史与思想》，台北：联经出版公司，1976，第 47~75 页。

中篇　郡县与封建：国家形态与社会结构

"律令制国家的早熟"①。为什么说是"早熟"？原因很简单，七世纪后半到八世纪初期，即所谓日本国家与天皇制度形成的关键时期，确实从中国传来了隋唐的律令制度，然而，这时候的日本，虽然一方面模仿隋唐整齐划一的律令制国家，试图形成国家直接控制的垂直体系，也就是从国家到地方到民众的管理系统，并按照中央集权的官职制度，设立太政官、大弁官和六官（后来在大宝年间改为八省，即中务、式部、治部、民部、刑部、兵部、大藏、宫内），试图把贵族的氏姓等级与任职的官阶等级配合，同时"按照地区编制民众"，五十户为一里，把每个帝国臣民都纳入编户齐民；但另一方面，大和政权是各个山头合议联盟，天皇或朝廷没办法完全消除贵族/诸侯们的地位和势力，中央的贵族和地方的豪强，仍然拥有强大的政治影响、军事力量和经济资源②。

很多学者注意到，日本古代国家形成的关键时期

---

① 〔日〕网野善彦：《日本社会的历史》，第71页。
② 大隅清阳『律令官制と礼秩序の研究』（东京：吉川弘文馆，2011）也说，"与中国相比，大宝、养老令时代的日本之礼，限于狭义的政治性秩序，它试图建立的是以天皇为顶点的，单纯的向心性构造的国家"，但是这种努力似乎很漫长，最终也并没有彻底达成目标。见该书第350页。

063

形似神异：什么是中日传统政治文化的结构性差异

在七世纪。可是，七世纪中叶，天智天皇在白村江战败（663年，中国称为"白江口之战"）后[①]，为了维护皇权，不得不承认贵族的力量，把贵族各氏分为"大氏"、"小氏"和"伴造"，赐予大氏以大刀，小氏以小刀，伴造以盾牌弓矢，并承认氏族首领对民众（民部、家部）的支配权。当然，天皇为首的公家（朝廷）始终没有放弃统合国家的努力。接下来的七世纪后半，从天武天皇、持统天皇到文武天皇（673~707年），表面上看，整体趋势是试图建成中国式的集权国家。这里的策略包括：（1）按照律令制国家的方式，进行中央官制改革，在684年颁布"八色姓"，685年颁布四十八阶爵位，规范俸禄，重新调整氏、姓的等级；（2）把全国划分成七道（东海、东山、北陆、山阴、山阳、南海、西海），修建直通各地的大道，按五十户为一里整顿地方，以服色来区分良民与奴婢；（3）颁布《大宝令》与《养老令》，编纂《古事记》与《日本书纪》。很多学者甚至认为，日本国名和天皇称号，也是在这一时期确立的。

[①] "白村江之战"的结果，对于大唐帝国，可能意义没有那么重大，但对于日本和朝鲜来说，却是历史性的事件，奠定了东北亚的国际格局和朝鲜半岛、日本的政治走向。这一观点参看葛兆光《历史解释为什么有力量？》，载《四川大学学报》2022年第4期，第5~13页。

中篇　郡县与封建：国家形态与社会结构

因此，这本来是日本效仿中国律令制国家的模式，建设中央集权国家的关键时期[①]，这就是江户时代一些日本学者所谓的"本邦上世，国有司有造，郡有领，县有主，郡县之制也"[②]。但是，如果以中国秦汉之后日益完善与成熟的郡县制与它比较，由于日本传统贵族豪强的势力太大，这种高度同一的律令制国家，实际上是"早产"，也就是"早熟"。正如前面所说，日本天皇并不具备秦王扫六合或汉平定七国之乱的集权条件，因此，试图高度统合的国家（皇权），与极为强盛的贵族和豪强（封建），就仿佛一个三明治，形成了中央与地方互相对峙的夹心的国家与社会形态。

也许可以借用"土豆泥"和"沙拉"这两种不太合适的比喻，来说明传统国家内部整合的程度。如果说秦汉以后的中国基本上是把帝国内部同一化，依

[①] 七世纪下半叶到八世纪初期，天武天皇、持统天皇到文武天皇时期的国家建设措施，加强中央集权的趋势相当明显。但是，这个时候原来作为日本国家基础的几个大诸侯，诸如大和、河内、摄津、山城、和泉，势力很大，朝廷不能不有所忌惮，所以，最终集权的理想和分权的现实，使得日本既有中央统一权力，又有大量的封建势力。

[②] 『侗庵初集』卷四，转引自前田勉『近世日本の封建、郡県論のふたつの論点』，张翔、园田英弘编『「封建」・「郡県」再考—東アジア社会体制論の深層』，第258页。

形似神异：什么是中日传统政治文化的结构性差异

赖郡县制，中央直接任命地方首长，直接掌控地方赋税，地方不再拥有军队，从而形成了"土豆泥"式的统合，那么，日本在七世纪虽然也建立了律令制国家，但是，中央并无能力彻底整合和掌控地方，各个地方势力不仅在政治上很有力，在经济上也越来越强大①，这使得日本不过就是一盘"沙拉"，而且沙拉里面的土豆块儿还很大。日本古代国家的这种双重体制和重层结构，经过承久之乱，随着武家的力量越来越强，国家不能不依靠武士对地方进行控制，终于在镰仓时代形成公家和武家（当然还有寺家）并峙的局面②。正如尾藤正英所说，"十二世纪末镰仓幕府成立以来，朝廷渐渐失去作为公权力主体的性格，十

---

① 八世纪以后，日本庄园很发达，到了十至十一世纪，随着律令制国家那种以成年男性为中心的户籍课税制度的崩溃，日本国家改用对地方大农户课税的制度，等于中国所谓的"土地兼并"，加上贵族与大寺院在封地与建筑周围大量开垦，形成与"寄进地系庄园"不同的"垦田地系庄园"，这些土地不向国家纳税（不输），这些田地与农民，成为各地方豪强独立于国家的实力基础。参看佐藤信等编『（改訂版）詳説日本史研究』（东京：山川出版社，2012）第一部第3章，第112~113页。

② 〔日〕保立道久：《平安时代》（"岩波日本史"第三卷，章剑中译本，新星出版社，2020）第三章说，十一世纪中叶以后，"国家的统一就需要依靠军事力量来维持，这使得武家的首领遍布全国的国衙、庄园领主之中"，见该书第147页。

四世纪'建武新政'失败以后,足利氏的室町幕府实质上成为中央政府,但是,这并不是说国家的公权力就集中在这里了。镰仓、足利时代的政治统治是以庄园制(或者庄园公领制)为基础的,它不仅是武家幕府,也是朝廷(天皇与院以及贵族)、强有力的寺院和神社的,他们作为各自庄园的领主,分享着国家的公权力"[1]。这里说的分享公权力的武家幕府、朝廷、寺院与神社,也就是黑田俊雄(くろだ としお,1926~1993)所谓"武家"、"公家"与"寺家"这三个"权门",而三个"权门"之下,是割据地方的地方守护和豪强们。

从室町时代到江户时代,这一格局并没有发生根本改变。尽管在历史的风云变幻中,各种地方势力也有起起落落,德川时代幕府权力有所加强,但这种封建制的延续性仍然很强。有学者指出,以战国时代(即日本室町幕府后期到安土桃山时代,1467~1600)为例,各地的控制者大多数不是过去的守护大名,就是过去的守护代,前者如细川、大内、岛津、土岐、大友、今川、六角、武田,后者如上杉(长尾)、朝仓、三好、织田等。就算原本不是守护大名或守护代的,也是出自幕府时期的大官僚,如

---

[1] 尾藤正英『日本文化の歴史』,第138页。

形似神异：什么是中日传统政治文化的结构性差异

后北条等①。在江户时代，这些地方大名实际上依然在政治领域拥有很大的发言权，甚至在幕末时期遭遇"黑船事件"，面临"锁国"还是"开国"的巨大挑战时，决定日本国运的仍然是天皇、幕府和大名三方力量。其中，大名/藩主的作用相当重要，不仅仅是"萨（摩）长（州）联盟"在倒幕过程中凭借力量促成幕府"大政归还"，就连是否决定签订《日米和亲协议》和《日米通商条约》的过程中，他们也是举足轻重的力量②。就像《明治天皇：1852~1912》一书作者基恩所说，"在这样的时刻，幕府需要大名的支持，不仅包括那些与德川家结盟的大名（谱代大名），还包括那些奉行更加独立路线的大名（外样大名）"。

---

① 参看〔日〕今谷明《战国时期》，（"岩波日本史"第五卷，吴限中译本，新星出版社，2020），第92~93页。
② 参见〔美〕唐纳德·基恩的《明治天皇：1852~1912》，第26~27页。他指出，"黑船事件"发生后，福冈藩的黑田齐溥（1811~1887）对于日本不能保持"闭关锁国"的意见，就相当有影响；而萨摩藩的岛津齐彬则主张暂缓接受美国人要求的意见，也很有影响。此外，天皇也成为不可忽视的因素，他说，当"这些力量加起来仍不够应付这个新危机，他们还需获得天皇的帮助，即使天皇手头并没有一兵一卒或一枪一炮。事实证明，一旦树立了事先咨询天皇的先例，接下来几年幕府要忽视天皇的愿望将变得非常困难"，该书第29页。参看上篇"皇权与革命：政治权力的合法性"。

因此，应当说（日本的）封建制（天皇-幕府-大名/藩主）与（中国的）郡县制（皇帝—六部—省州府县），深刻地影响了日本和中国，使其各自走上政治文化上的不同道路。

二 皇权下县：中国的郡县制与科举制

回过头来看古代中国。秦汉之后中国的郡县制，和大化革新之后日本的封建制，正是中日传统政治文化中最重要的结构性差别之一。

很多学者指出，中国郡县制奉行的是韩非设计的原则，"事在四方，要在中央；圣人执要，四方来效"[1]，也就是皇帝集权以控制地方的方式。自秦汉统一之后，古代中国政治制度就朝着"裂都会而为之郡邑，废侯卫而为之守宰"[2]这一方向走。这种制度带来若干传统中国政治文化的特色：第一，由于国家实行郡县制，中央政府直接任命各级官员，作为中央政府的代理人对地方财政税收和法律制度进行管理，中央政府对地方的控制力非常强大；第二，由于统一国家有同一性的意识形态和伦理观念，他们推行的政治伦理和道德风俗，经由各级地方政府与官吏，渗透和影响着基层社会，逐渐消除了各地的伦理与文化差异；

---

[1] 《韩非子·扬权》，见王先慎《韩非子集解》（钟哲点校本，中华书局，1998）卷二，第44页。

[2] 这是柳宗元《封建论》中的话，见《柳宗元集校注》（中华书局，2013）卷三，第185~186页。

中篇　郡县与封建：国家形态与社会结构

第三，由于地方的"去军事化"，中央政府的军事控制和政令传达，也就像水银泻地无孔不入一样，把传统汉族中国逐渐统合为一个共同体，来自地方官员的反叛或者改革往往很难成功，颠覆和改变往往仍然是自上而下。用《汉书·贾谊传》的话说，郡县制的长处就是"令海内之势，如身之使臂，臂之使指，莫不制从"①。

过去，有学者曾认为传统中国的"皇权不下县"②，现在看来显然是不对的。为什么是不对的？我们看以下几个方面。

第一，秦汉以后实行郡县制，帝制国家对地方的控制是很深入很有效的③。用考古资料来说，从湖南

---

① 《汉书》卷四八《贾谊传》，第2237页。
② 关于"皇权不下县"的说法的来龙去脉，参看秦晖《传统十论：本土社会的制度、文化及其变革》，复旦大学出版社，2004，第1~44页。
③ 鲁西奇指出，"严格的户籍制度，是专制主义集权制国家最重要的标志之一，也是其得以建立、维系的基础。正是通过户籍制度，专制国家才得以控制民众的居住、移动、财产乃至婚姻与家庭，在不同程度上掌握土地、山林等基本经济资源，从民众手中掠夺各种各样的经济利益，征发民众的劳动力资源作为保障国家安全、扩张的军事力量，以及维系专制主义国家普遍都有的大规模国家公共工程的建设和维护，甚至通过户籍制度，推行教化，宣扬专制国家最为需要的、以忠孝为核心的社会伦理观念，从而达到对民众在政治身份、经济地位、社会角色、文化认同等各方面的全方位控制"。见鲁西奇《"下县的皇权"：中国古代乡里制度及其实质》，《北京大学学报》2019年第4期，第75页。

形似神异：什么是中日传统政治文化的结构性差异

龙山里耶出土的秦简，和长沙走马楼出土的三国吴国简牍中，你会看到秦的洞庭郡迁陵县、三国吴的长沙郡，居然有那么细致的户籍管理、赋税管理。从这里就可以看出，古代中国国家力量的触角，已经多么深地渗透到基层社会①。正如萧公权所说，从秦汉到晚清的传统中国，皇权如此深入地控制基层社会，主要考虑是"秩序"，既是为了防止民众"铤而走险"，也是为了使臣民接受或认同帝国统治，还是为了监视臣民、维护秩序稳定②。

第二，古代中国的政治文化，汉代以后表面上是儒家主导，实际上是阳儒阴法，即汉宣帝所谓"霸王道杂之"。即使有所改革，但从商鞅到王安石一路下来，大趋势是中央对地方控制越来越严厉和细密。有学者据出土秦简指出，秦代的地方官吏，都由皇帝

---

① 最新出版的渡边信一郎『中華の成立 唐代まで』（东京：岩波书店，2020）就曾经用里耶秦简来讨论秦建立的郡县制，指出秦代郡下面的县，其行政长官是中央派遣的县令、县丞、县主簿；再往下则有吏曹、尉曹、户曹、金布曹、仓曹、库曹、司空曹、狱曹、覆曹、车曹，分别负责人事、徭役、户口、货币、谷物、武器、刑徒、司法等；然后下面还有管理公田的田官、管理家畜的畜官、管理船舶的船官；更下一层还有曹嗇夫、令吏、佐、史——据说定员是 104 人，见该书第 77 页。

② 萧公权：《中国乡村：论 19 世纪的帝国统治》，张皓等译，台北：联经出版事业公司，2014，第 3 页。

中篇 郡县与封建：国家形态与社会结构

与朝廷任命，郡守掌握财政权，郡尉掌握人事权，郡监御史掌握司法权，三府鼎立也互相牵制；也有学者指出"中央政府对地方不仅层层监察，同一行政科层之间亦加以分割，不使任何一个官吏、官署独揽大权"①。即使有所谓地方或家族的"私法"，其实，也只是对"公法"的补充。尽管到了汉代，逐渐有所变化，设立有诸侯国，但这些诸侯国与郡县并无太大差异，吴楚七国之乱后，原来诸侯王的权力被中央限制，因此秦汉以后，这种中央控制地方的大趋势并没有根本变化，"作为国家或中央朝廷与地方社会、民众接触的舞台，郡、县承担了征收租赋、征发徭役、维持治安、实施审判等这些职能"②。特别到了明代初期，几乎是通过制度与法令，把整个基层社会完全格式化，这一点，你只要读一读明太祖的《大诰》三编就知道了。

第三，汉唐宋明，尤其是宋、明两个以汉族为主的王朝，从皇帝、官僚到士绅，他们的理想都是"一道德，同风俗"，把社会伦理道德风俗同一化视

---

① 参看游逸飞《三府分立——从新出秦简论秦代郡制》，载《历史语言研究所集刊》（台北，2016）第87本第3分；又可参见游逸飞《制造"地方政府"：战国至汉初郡制新考》（台北：台大出版中心，2021）之"导言"部分。
② 〔日〕纸屋正和：《汉代郡县制的展开》（朱海滨译，复旦大学出版社，2016），"序章"，第3页。

为"文明化",因此努力建设的,就是从地方到全国的秩序井然、风俗淳厚,这一直是上上下下的理想①。因此,这种政治文化造成的传统中国,几乎可以说国家力量仿佛毛细血管布满全身。

此外,有一个因素更值得注意,古代中国有科举制及文人阶层,而古代日本没有科举制,主要依赖武士阶层,就使得这种政治文化的差异更加明显。在中国专制皇帝之下,有促成相对流动的科举制度,不断有新的官僚生成,抵消了可以与皇帝分庭抗礼的贵族阶层和地方势力;有庞大的官僚系统与郡县制度,以及士大夫构成的官僚系统,帮助皇帝直接管理与控制庶民,科举制度恰恰保证了这个观念上、文化上和制度上相对同一的官僚系统的来源②。

---

① 参看葛兆光《七至十九世纪中国的知识、思想与信仰世界——中国思想史第二卷》(复旦大学出版社,2000)第二编第三节"国家与士绅双重支持下的文明扩张:宋代中国生活伦理同一性的确立"中的论述。
② 内藤湖南的"唐宋变革"之说,已经指出这一点,参看内藤湖南『概括の唐宋時代観』黄约瑟中译本,载刘俊文主编《日本学者研究中国史论著选译》(中华书局,1992)第 1 卷《通论》;近来,在日本很流行的学者与那霸润也指出过这一点,见与那霸润『歴史がおわるまえに』(东京:亚纪书房,2019),第 197 页。

中篇　郡县与封建：国家形态与社会结构

三　从古代日本到近世日本：
亲藩、谱代与外样

然而，日本却完全不同。不仅从历史上看，日本传统国家不是郡县制却像是封建制（直到明治维新才"废藩置县"），而且正如前面说的，日本也始终没有科举制度（反而是武士阶层），地方管理者的选拔，也不是考选式的而是世袭制的，因为，日本一直有长期延续的贵族豪强，一代传一代；而各地又有很有力量的藩主，不仅拥有众多武士（藩士）作为武装力量，还拥有相对独立的行政（任命官吏）、司法（处理案件）和财政（税收劳役）权，他们代替（或者代理）朝廷（或者幕府）直接掌控着地方的民众。

中央与地方，究竟是完全垂直管控（中央任命官员与赋税直接控制），还是仅在形式上的统属（地方长官世袭与财政相对独立），这是有关一个国家专制程度的很大的差别。正如網野善彦所说，日本就算是到了十六世纪末十七世纪初，也还是"大名领园和地方小国家"[①]。天皇也好，将军也好，面对强大的地方大名藩主，都不能不妥协。1585年，基本统一日本的丰臣秀吉(とよとみ ひでよし，1537~1598) 曾经颁布

---

① 網野善彦：『日本社会の歴史』，第288页。

形似神异：什么是中日传统政治文化的结构性差异

过两个最重要的国策，一个是出兵征服"唐人"也就是向外扩张，另一个就叫"惣无事令"，也就是禁止大名之间的私自战争，大名之间的矛盾，由丰臣秀吉调停解决①。表面看上去，好像幕府将军已经能够控制国家上下，但即使如此，实际上幕府将军也不能随意处置地方的大名，比如经过"关原大战"，德川家康（とくがわ いえやす，1543～1616）再度统一天下，他也无法彻底实现织田信长所谓"天下布武"，用绝对的武力建构绝对的权力。就连与他争夺天下的西军统帅毛利辉元（もうり てるもと，1553～1625），在被德川家康打败之后，德川家康也只能对他削除封地、减去俸禄，让他从广岛迁到山口，虽然成为"外样"（边藩），但仍然是一方藩主。最后，这个长州藩，在幕末时期则成为"倒幕"的主力，萨（摩）长（州）联盟最终结束了两百多年的德川时代。这当然是后话。

所以，即使进入江户时代，幕府将军的权力达到鼎盛，各地方势力也仍然非同小可。原本就是各个藩主联合起来的力量，在成功重建新政权之后，他们仍然要论功行赏，"封建割据"这个传统实在源远流长。我们前面提到，古代日本国家初建，实际上是

① 比如1585年10月，丰臣秀吉就发布命令，并且进攻拒绝调停的岛津，从而调停了岛津和大友的争斗。

中篇　郡县与封建：国家形态与社会结构

"畿内政权"，未必能够直接控制各姓贵族和地方豪强，直到中世以后的地方藩主，尤其是边远的大名，在天皇和将军的权力笼罩之下，也还能相对独立甚至为所欲为[1]。到了江户时代，江户时代的大名分为"亲藩"（尾张、纪伊、水户，即所谓"御三家"，这是德川幕府将军的核心家族）、"谱代"（世袭的大名，可以参与幕府大事）、"外样"（关原之战后被迫服从德川幕府的大名，如加贺、萨摩等）三类，看上去以德川家族为中心，有一个"核心集团"，而且理论上幕府将军对地方诸侯拥有"国替""转封"甚至"改易"的权力，在制度上更要求各地大名把妻子和直接继承人留在江户，大名则要两年一度到江户拜谒将军，用这一方法来控制各个大名[2]。但实际上，

---

[1] 比如近世日本与外国通商的权力，就常常被各地藩主垄断，像十五世纪山口的藩主就长期垄断了对中国和朝鲜的贸易。1523年5月1日的宁波事件，其实就是因为周防（今山口）的大内义兴（1477~1529）派遣的遣明船（宗设谦道为正使）用的是正德皇帝的新勘合，而山城国（今京都府附近）的细川高国派遣的遣明船（鸾冈瑞佐为正使，宋素卿为副使）用的是弘治皇帝的旧勘合，双方在抵达浙江宁波后因为勘合真伪之辨而引发的冲突。本来这些勘合是明朝颁给日本国王的，没有用完要交还，但实际上，这些勘合却落入强有力的大名手中，这也说明日本国王的权威日益衰退——日本出现南北朝、战国的原因也在这里。
[2] 江户时代，幕府为了控制各地大名，实行了"参觐交替制"、"大名家臣人质制"和"大名留守居制"，即：（1）要求

形似神异：什么是中日传统政治文化的结构性差异

那些处在边缘的外藩力量相当强大。比如，加贺藩的前田氏有一百二十万石领地、萨摩的岛津氏也有七十七万石领地[①]，他们虽然没有"亲藩"或"谱代"那种直接参与中央事务的权力，而且领地多在距离江户较远的边缘地区，但幕府在自居"大公仪"的时候，也不能不承认各地大名同时各自拥有"公仪"，默认大名在地方的权威性与合法性，因此，有时候地方会反过来影响中央，成为促进革新和变化的契机[②]。

大名每两年从封地到江户居住，并亲身拜谒将军参与议政；（2）大名必须在江户修缮居所，将妻子与直接继承人留在江户作为人质；（3）各藩派遣官员在江户设立"留守居"，负责沟通中央与地方。

[①] 以 1664 年为例，如果说日本全国的"石高"（以大米计算的赋税）约 3000 万石，虽然尾张、纪伊、水户等德川家亲藩即"御三家"分别占有 62 万石、56 万石、24 万石，但外样（边藩）大名仍占有很大部分，如：加贺藩（前田）104 万石、萨摩藩（岛津）73 万石、仙台藩（伊达）56 万石、熊本藩（细川）54 万石、福冈藩（黑田）43 万石、广岛藩（浅野）38 万石、长州藩（毛利）37 万石、佐贺藩（锅岛）36 万石、津藩（藤堂）32 万石。据统计，幕末的庆应年间，全日本 266 个外样大名中，超过 50 万石的 5 家，超过 20 万石的 15 家，超过 10 万石的 32 家。据『山川詳説日本史図録』第 8 版（东京：山川出版社，2020），第 154 页。

[②] 例如藩主可以越俎代庖，擅自改变日本幕府的对外关系。如萨摩藩 1609 年对琉球的侵占，本来就不需要江户的批准。参看纸屋敦之『東アジアのなかの琉球と薩摩藩』（东京：校仓书房，2013），第 124 页。

中篇　郡县与封建：国家形态与社会结构

最为人熟知的例子，就是前面多次提到的幕末时期，原属"边藩"的萨摩、长州、土佐、肥前等四藩的倒幕，成为推动"大政奉还"即明治维新的契机①。

室町、德川时代日本的守护大名，就如同春秋战国时代中国的诸侯。所以，无论是天皇朝廷还是幕府将军，权力之毛细血管都不能直接深入地方基层。传统中央皇权对于地方的控制，不仅是对赋税的予取予求，还包括对人力的随意支配。在传统中国，这一控制功能是经由察举、科举等制度选拔出来的文职官僚们来实现的，但是，日本并没有察举和科举制度。从《大宝令》（701）、《养老令》（757）中可以看到，虽然日本曾经仿效唐朝，在中央设立由大学寮管辖的大学、地方各国设立由国司管理的学校，也曾有"举人""贡人""秀才"②，但是这种制度并没有真的实

---

① 关于江户时代的"幕藩体制"，研究著作非常多也非常细。但我愿意在这里引用丸山真男对这一时期的一段概括性描述，因为它非常简明。丸山真男说，虽然德川幕府有强烈的中央集权特色，但是"它的实质，依然是一个封建领主，对于皇室领地以外的地域，最终还是要通过直属将军的诸侯，间接地进行统治。二百七十个屏藩，分别形成了封闭性的政治单位，诸侯对于自己的领地，行使独立的立法权和裁判权。各藩之间的交通故意设置了重重障碍"。见〔日〕丸山真男《日本政治思想史研究》，第273页。
② 参看井上光贞等编『日本思想大系』（东京：岩波书店，1976）3『律令』，第300~302页。

形似神异：什么是中日传统政治文化的结构性差异

施推广，很快就无疾而终①。1177年，大火烧毁大学寮，这一本来就形同虚设的选拔制度就此结束。有学者指出，日本贵族势力的膨胀，直接决定了天皇中央集权的崩溃，以及与具有平等精神的科举制的冲突②，这大概是不错的。特别是，它一方面造成日本社会上士农工商身份制度的固化，另一方面造成日本没有由中央选拔和任命的文职官僚代替中央权力管理地方，地方大名就像"小国之君"一样，他的家臣们直接控制着地方的一切，包括军事力量、赋税收入和编户齐民。

这是不同的历史进程造成的。正如前面提到的，

---

① 据《类聚符宣钞》卷九"方略试"（承平五年八月二十五日）记载，从八世纪初到十世纪中叶，经过考试获得秀才者，只有65人。『新訂增補國史大系』（东京：吉川弘文馆，1936），第249页，转引自李卓、张暮辉《科举制度与日本》，载《古代文明》第1卷第4期，第50页。

② 上引李卓、张暮辉《科举制度与日本》就说，"日本贵族势力的强大，使科举制随中央集权制度的瓦解而归于终结"，第52页。不过，他们也指出，由于没有科举制度，也造成很多意外的结果：比如教育与学问并不拘泥于人文知识，而刺激了实用知识（如衣食住行、农业知识、经商算法）；比如意识形态和价值观的不那么强烈，减少了对近代西方文化（如兰学、汉方、解剖、军事）的传播阻力；比如由于淡化科举的人文学问，因此形成尚武精神；由于没有科举造成的流动，各种阶层相对固定，士农工商各种专业技能的传统相对稳定而能长足发展；等等。

中篇　郡县与封建：国家形态与社会结构

在日本早期国家与制度形成的时代，虽然一开始把天皇作为天照大神子孙，但直到九世纪桓武天皇时代，平安京还是天皇和藤、橘、源、平四氏共同控制朝廷。《新撰姓氏录》（815）一方面强调天皇家族的神圣性，天皇没有姓氏，仿佛高不可攀，就好像《老子》所谓"当其无，有车之用"，以一"无"御万"有"；另一方面也要给贵族豪强一千多姓氏确立来源、搭配神祇和明确等级，实际上等于是承认了他们世袭的地位、权力和利益。

以前，中国造反派的祖宗陈涉曾经说了一句名言，是"王侯将相宁有种乎"[1]，可能中国没有，但偏偏日本的王侯将相是有"种"的[2]。

---

[1]　《史记》卷四八《陈涉世家》，第1952页。
[2]　一直到明治维新以后，日本还有所谓"华族"。明治二年六月颁布的『華族の称制定の布告』称"自今废除公卿、诸侯之称，可改称华族"，据说这是为了"官武一致，上下协同"。见远山茂树编『天皇と華族』（"日本近代思想大系"2，东京：岩波书店，1988），第321页。根据明治六年（1873）的统计，当时日本的人口构成中，平民之外，还有皇族（28人）、华族（2829人）、士族（1548568人）以及卒（即下级武士，343881人）。这种身份分类是1872年公布的户籍法的规定。也许很多人对于日本当代政治中有那么强的世袭性质感到很吃惊。确实，有的总理大臣就是原来总理大臣的子孙，议员就是过去议员的子孙，如安倍的祖父和外祖父都曾是首相，众议院议员小泉进次郎的父亲小泉纯一郎为前首相。其实在某种程度上，这正体现了日本文化和社会的传统。

081

形似神异：什么是中日传统政治文化的结构性差异

四　走向近代：封建与郡县之利弊？

江户时代中期，一些日本学者已经意识到历史上中日之间在国家与制度上的这一不同，对封建与郡县的制度差异有过不少讨论。太宰纯（春台）说，"中华往古乃天下封建，秦汉后则为郡县；日本往古乃郡县，而如今为封建。异国本邦，古今世道，变化如此"；赖山阳（らい　さんよう，1781~1832）也说，"盖我国之俗，有异于汉土者。……前郡县，后封建，与汉土之古今相反"①。在他们看来，似乎漫长的历史中，日本与中国走的路向正好相反。其实并不一定，正如水林彪（みずばやしたけし、1947~）指出的，"我国的国制……三世纪中叶的大和王权成立以降，到十九世纪后期幕藩体制瓦解，一直是本文定义中的'封建制'"②。我觉得这话说得很对，从

---

① 太宰春台语，见『経済録』（享保十四年刊本）；赖山阳语，见『通議』卷一"论势"（安藤英男编『頼山陽選集』卷五），均转引自前田勉『近世日本の封建、郡県論のふたつの論点』，载张翔、园田英弘编『「封建」·「郡県」再考—東アジア社会体制論の深層』，第255~259页。
② 水林彪『歴史学的概念としての「封建制」と「郡県制」』，见前引『「封建」·「郡県」再考—東アジア社会体制論の深層』，第42~43页。

宏观历史比较的角度看，日本自古以来，世袭贵族与地方豪强林立，确实更像封建制，而中国秦汉以后皇权强大，直接渗透与控制地方，则完全是郡县制。

有意思的是，江户时代日本学者为了渲染日本政治文化的独立性与神圣性，曾经很强调日本这种封建制的优越。荻生徂徕曾经有一个著名说法，大意是说，虽然"先王之道"在中国被经世济国者反复引述，但是在中国始终实现不了，为什么？因为中国从封建制变成郡县制，所以，他们只能"以经术缘饰吏治"，先王之道就好像是多余的装饰（赘旒）。而封建制对于民众来说，它还留存了"家人父子之意"。中国的郡县制，虽然依靠法治很公平，但完全没有亲缘的关系和恩爱的情感。他说，特别是到了隋唐以后，科举法兴，士习大变，这些读书人出身的官僚，只会按照纸上制度"习法家，沦骨髓"，经典之道就成了纸上空谈[1]。我体会荻生徂徕的言下之意，就是日本之所以政治文化传统良好，就是因为还保留着这个有"父子家人之意"、维持着乡里感情的封建制。这类看法，大概当时不少日

---

[1] 见荻生徂徕『弁道』，西田太一郎校注，见『荻生徂徕』（"日本思想大系"36，东京：岩波书店，1973），第21~22页。

形似神异：什么是中日传统政治文化的结构性差异

本学者都有。像江户晚期古贺侗庵（こがどうあん，1788~1847）的《封建论》也说，中国实行郡县制，虽然"令简而易遵，事省而易知"，但这只是因为秦汉以后的中国"风浇俗漓，难得而制"，不得不采用这种严厉而集权的制度①。也许，这是在"封建制"政治语境中，很多日本江户时代知识人的共识②？

郡县制是因为人性恶，而封建制是因为人性善？郡县制趋向于法家，而封建制趋向于儒家？这些看法只看到一半，却看不到另一半。我觉得，还是顾炎武的看法更中肯。顾炎武《郡县论》中说，"封建之

---

① 古贺侗庵『封建論』，见『侗庵初集』，西尾市岩瀬文庫藏本，文化七年撰，转引自高山大毅『近世日本の礼楽と修辞』（东京大学出版会，2016），第358页。其中说："由是观之，行于本邦，则封建郡县俱无失，行于齐州则封建郡县两有弊。"又说，"盖郡县，令简而易遵，事省而易知，古薄俗浇风可以一切为治。封建，其法密，其礼缛，施之邪恶之俗，易生拂扰。秦汉而降不复行封建，诚以其风浇俗漓难得而制也。本邦开国以来，圣子神孙，继继承承代天理物，烈祖英武……其所以郡县封建两俱无失者，亦民风醇正使然也"。
② 我在东京大学法学部图书馆看到有一册写本（书写者不明），是江户后期学者室新助记的「諸侯封建郡県書」（又名：「封建郡県之事并秦漢以後諸侯封建之事御寻二付相考侯趣申上侯」），可能在江户后期，封建（日本）与郡县（中国）之优劣，是一个很刺激或影响日本思想界的话题。

中篇　郡县与封建：国家形态与社会结构

失，其专在下；郡县之失，其专在上"①。然而，这个"其专在下"的国家形态，在日本几千年中并没有根本改变，即使到了明治时代实现"大政归还"和"废藩置县"，地方究竟应当由中央直接管理，还是放权由地方自己管理，仍然是一个激烈辩论的话题。像与西乡隆盛并称"明治三杰"、明治时期极力"尊王攘夷"的木户孝允（きど　たかよし，1833～1877）和大久保利通②，就在"大政归还"即强化国家与天皇权力的同时，努力维护地方自治和藩士权益。而日本近代著名的思想领袖福泽谕吉则在明治十年（1878）出版了《分权论》，讨论"中央集权"与"地方分权"。他把这种权力分配与现代国家"公权力"和"私权力"的分界联系起来，大力称赞封建制，在他的论述中，封建制竟然可以转化为现代的自由自治精神，甚至认为是几百万藩士"爱国之心"的来源。他甚至还认为，这种封建制由于分权，恰恰有限制"专制"之意义，这一点，我还不能理解。也许，他是以这样的解释，来批评西洋思想家对亚洲

① 顾炎武：《郡县论一》，见《顾亭林诗文集》卷一，华忱之点校，中华书局，1983，第12页。
② 有关木户孝允和大久保利通的论述，参看松田宏一郎『江戸の知識から明治の政治へ』（东京：ぺりかん社，2008），第134~135页。

形似神异：什么是中日传统政治文化的结构性差异

普遍为"专制"权力的看法，提供一种"日本特殊"的历史观念[①]？也正因为如此，有的日本学者从封建制日本的背景，反观郡县制的中国，就发现宋代以后的近世中国，由于郡县制下的中央皇权绝对化，不容地方分权，才导致官僚机构膨胀，地方宗族与乡团崩溃。而官员只是过渡的政客，与地方利害没有切身关系；民众也只是奉行"私"即个人主义，而没有"公"即从爱乡之心衍生的爱国之心，导致了近代中国成为一团散沙。所以，有人认为中国应当和日本相反，不是实现"大政奉还"和"废藩置县"那样重建集权国家之路，而是应当从"乡团自治"到"联邦制度"开始，鼓励地方自治，适当分散权力[②]。

---

① 松田宏一郎『江戸の知識から明治の政治へ』，第 254 页。又，福泽谕吉在『国会の前途』（明治二十五年）中，也说"日本には地方自治の伝統があるから、これは大丈夫である（对日本来说，因为有地方自治的传统，所以这没问题）"。
② 例如内藤湖南『支那論』（1914）、山路爱山的『支那論』（1916）等，他们都曾提出"乡团自治""联邦制度"。参看戴燕《现实与历史的纠葛：内藤湖南的中国观及其反响——百年后重读〈支那论〉》，《思想》，台北：联经出版公司；朱琳『中国史像と政治構想——内藤湖南の場合（三）』，『国家学会雑誌』第 124 卷第 1~2 号（2011），第 99~110 页；同氏『中国史像と政治構想——内藤湖南の場合（四）』，『国家学会雑誌』第 124 卷第 3~4 号（2011），第 249~264 页。

中篇　郡县与封建：国家形态与社会结构

在日本，藩主大名们的地方势力非同小可，这种封建制的历史影响也相当深刻，即使转型到现代，这一封建制基因也深深地遗留在日本政治文化之中。渡边浩在一篇讨论托克维尔（Tocqueville，1805-1859）《旧制度与大革命》的文章中，对比了日本与欧洲的近代转型，指出明治维新的特别取向有两个。一是德川幕府把美国要求"开港"这一事件禀报京都"禁里"，要求得到天皇的"敕许"，这本来是幕府试图利用天皇权威，塑造武家政权"尊王"的形象，可是，这一"尊王"行为却使天皇重新集权（大政奉还）有了正当性，逼得幕府权力陷入困境。二是黑船来航之后，德川幕府为了回应美国"开港"之要求，把文件传示各个大名，原本是幕府利用大名的好办法，也是显示儒学中所谓"明君"的良好态度。但这一做法正好刺激了大名和武士们的政治热情，使他们产生影响政府方针的强烈愿望并付诸行动[①]。

如果我们看"黑船来航"之后，幕府将军的手足无措，以及所谓"朝廷"与"雄藩"的动向，可以注意到，长州藩主毛利庆亲（1819~1871）、萨摩藩

[①] 见渡边浩『アンシャン レジームと明治革命——トクヴィルをてがかりに——』，载『思想』2005 年第 11 期，东京：岩波书店，第 63~64 页。

形似神异：什么是中日传统政治文化的结构性差异

主的父亲岛津久光（1817~1887）和鸟取藩主池田庆德（1837~1877）的若干上书，以及孝明天皇（1831~1867）的几份"御沙汰书"在幕末时期政治变革中的作用[1]。正如渡边浩指出的，这导致了明治维新时期，若要建立政治合法性，必须拥有两个基础，即"天皇"与"公论"。万世一系的天皇，拥有不可侵犯的神圣性，塑造日本所谓"国体"，象征日本国家最高利益；而"公论"既是比附欧洲近代的民意，其实在日本又代表着贵族与地方豪强的利益。明治维新初期颁布的《五条誓文》(ごかじょうのごせいもん、五ヶ條ノ御誓文)的第一条"廣ク會議ヲ興シ萬機公論ニ決スベシ"（广兴会议，万机决于公论），这一表面看似现代民主制度的内容，实际上并非是将参政议政的权利授予普通国民，而是把政治权力分配给贵族藩主大名，这使得日本在明治维新之后，仍然没有走上真正的现代民主制度，而是天皇与贵族和豪强共治的政治，一直到现在，仍然造成日本政治领域的门阀与世家之延续。这当然是后话。

---

[1] 美国的"黑船来航"之后，就锁国还是开国，长州藩主毛利庆亲、萨摩藩岛津久光和鸟取藩主池田庆德的上书，以及孝明天皇的"御沙汰书"，均收入吉田常吉、佐藤诚三郎编『幕末政治論集』（"日本思想大系"56，东京：岩波书店，1976）第二章第二节，第214~260页。

中篇　郡县与封建：国家形态与社会结构

总而言之，从历史来看，在国家形态和社会制度上，日本和中国相当不同①，传统日本的国家权力触角，未必能深入渗透到最下层社会，这也使得日本社会政治文化明显地分成"顶端"和"古层"。而日本地方势力的强大，一方面造成日本难以真正像古代中国那样，形成强大的中央集权；另一方面造成地方势力可能促成国家权力的转移和政治制度的变化，不必等到中央权力整体的"改朝换代"②。明治维新时代的"废藩置县"，确实是把传统日本封建制的国家形态，往古代中国的郡县制方向转，虽然说这是"立宪君主国家建设的必然过程"③，不过，它一方面某种程度上实现了帝国对地方和民众的直接控制，自上而下地强力促成了日本整体的现代化转型，但另一方面，也使得日本原本可以成为现代国民的民

---

① 参看竹下让『地方自治制度の歴史　明治の激論——官治か民治か』（东京：イマシン出版，2018）中，关于明治时代究竟日本是中央集权还是地方自治的讨论。
② 梁启超1902年在日本观察到"欧洲日本，封建灭而民权兴，中国，封建灭而君权强"。见梁启超《中国专制政治进化史论》，《饮冰室合集》（中华书局重印本，1989）第1册《文集之九》，第70页。
③ 浅井清『明治維新と郡県思想』（东京：岩松堂书店，1939）是最早讨论这一问题的著作，他认为，郡县制度就是明治维新中，推行"废藩置县""版籍归还"的逻辑，该书第15页。

众,在"尊王攘夷"强化帝国的潮流中,成为帝国的皇民。

尽管这一转向形成了二战时期帝国的巨大动员力,但也刺激了二战时期日本膨胀的野心,最终导致惨痛的结果。

下篇　王权与神佛：意识形态与宗教信仰

通常，在谈论传统中国政治和宗教关系的时候，我们都会想到"不依国主，法事难立"这句老话。这是四世纪中国佛教史上最重要的人物之一道安法师（312~385）在新野对徒众所说的话，记载在《出三藏记集》卷一五《道安法师传》中①。这句话表明，在中古中国，佛教徒对政治权力高于宗教权力这一点，早就有相当清醒的认知。所以，此后中国佛教总是高唱"法轮常转，皇图永固"这种双赢的口号，表明宗教与皇权之间的妥协与合作。

日本佛教也同样有类似的表述，即"王法佛

---

① 僧祐『出三藏記集』卷十五「道安法師伝」、『大正藏』第五十五卷，第108页；此语又见慧皎《高僧传》（汤用彤校点本，中华书局，1992）卷五《晋长安五级寺释道安》，第178页。

形似神异：什么是中日传统政治文化的结构性差异

法相双，如车之双轮、鸟之双翼"。这是天喜元年（1053）东大寺领美浓国茜部庄司（住人）的说法，后来，在保安四年（1123）《白河法皇告文》中被天皇引用，也说明日本古代王权与佛法之间的密切关系，这被日本学者黑田俊雄称作"王法佛法相依论"①。

"车之双轮，鸟之双翼"这句话，其实也来自中国佛教。《高僧传》卷一三《兴福篇论》说，人要兼有智慧和福德，"譬犹鸟备双翼，倏举千寻，车足双轮，一驰千里"②；隋代天台大师智顗《童蒙止观》也说，佛教徒修习定和慧，不能偏废，所以"如车之双轮，鸟之双翼，若偏修习，即堕邪倒"③；唐代诗人王维在给净觉禅师撰写碑文时就说，学习佛教要"经典深宗，毫厘剖析。穷其二翼，即入佛乘"④。不过，他们的主要意思是，佛教徒既要有实践性的禅定功夫（定），也要有知识性的经典理解（慧）。大概这一比喻随佛教传到了日本，被日本佛教徒转手用来形容王权与佛法不可偏废。

---

① 黑田俊雄『王法と仏法　中世史の構図』（京都：法藏馆，2020），第35~36页。
② 《高僧传》卷一三《兴福篇论》，第496页。
③ 智顗：《童蒙止观》，中华书局，2012，第2页。
④ 王维：《王维集校注》，中华书局，1997，第1170页。

下篇 王权与神佛：意识形态与宗教信仰

乍看上去，传统中国和日本的佛教与政治的关系，似乎差不多。但如果仔细对历史进行研究和分析，也许会发现，实际上，古代中国和日本的政教关系，差别非常之大。这里顺便要强调，王权与神权的关系，在政治文化史上相当重要。众所周知，欧洲走向近代的过程中，世俗国王的王权逐渐强大，挣脱中世纪教皇的神权，这往往被视为欧洲近代化的一个关键因素，世界史中所谓"走出中世纪"，就是这个意思。那么，古代中国和日本的王权与神权的关系，又如何影响了从古代到近代，中日政治文化的不同走向呢？

在讨论了传统中国和传统日本的皇帝与天皇之差异、传统中国和传统日本的中央与地方之关系的不同之后，在这一篇中，我就想接着讨论这一涉及政教关系的话题。

形似神异：什么是中日传统政治文化的结构性差异

一 公家、武家、寺家的三足鼎立：从织田信长火烧延历寺说起

还是先从日本一个历史事件讲起。

1571年，刚刚统一日本南北的织田信长（おだ のぶなが，1534～1582），攻打并火烧日本历史悠久的延历寺。延历寺在京都东北方的比叡山上，是八世纪后期创建的日本天台宗大本山，延历寺则一直是日本最有力量的佛教寺院，它与奈良的兴福寺，一北一南，号称"南都北岭"，拥有强大的财力和武装。据说在织田信长时代，延历寺有四千僧兵，并且与朝仓义景（あさくら よしかげ，1533～1573，越前国大名，在今福井）、浅井长政（あざい ながまさ，1545～1573，北近江大名，在今滋贺）联合，对抗织田信长。火烧延历寺之后，织田信长又在1580年攻打石山本愿寺（在今大阪）。石山本愿寺是"一向一揆"的大本营。"一揆"原意是在神灵面前起誓结成团体，团结一心。日本原本有所谓"国一揆"，这是指十五世纪的室町时代，国人曾与地方豪强联合起来，反抗守护大名。而"一向一揆"则是净土真宗的一向宗，以石山本愿寺为核心，组织信仰者共同杀敌的"圣战"组织，势力甚至可以与各地大名匹敌。织田信长要统一日本，强化将军

下篇　王权与神佛：意识形态与宗教信仰

的权力，不得不向日本佛教宣战，这是因为当时佛教寺院势力太大。

比叡山延历寺和石山本愿寺，在织田信长眼中为什么那么重要，就像眼中钉肉中刺一样，非得拔掉不可呢？这话说起来有点儿长。前面说到，延历寺是天台宗的大本营，日本的佛教史上，最澄（さいちょう，767~822）和空海（くうかい，774~835）两个高僧特别重要。最澄开创了天台宗，建立了延历寺；空海开创了真言宗，建立了高野山。他们一显一密，后来彼此融合交错，既发展佛法的理论，也修习各种法术，使得日本形成后来学界所谓的"显密体制"①。在日本中世，佛教形成可以和"公家"（朝廷）、"武家"（幕府）三足鼎立的"寺家"，也就是所谓的第三个"权门"，这两个开创历史的僧人有很大作用。因为他们都在唐朝留过学，也都特别懂得政治，他们和当时的朝廷关系密切，参与朝廷的各种祈祷活动，包括例行的祭祀、求雨、安产等，因此，各自形成了很大的势力。

以京都比叡山的延历寺为例，它不仅拥有庞大的武装（僧兵），而且在京都一带横行霸道，连公家和

---

① 黒田俊雄「顕密体制論の立場——中世思想史研究の一視点」、黒田俊雄『王法と仏法　中世史の構図』，第9~27页。

形似神异：什么是中日传统政治文化的结构性差异

武家也对他们忌惮三分。前面说到"南都北岭"，也就是奈良兴福寺和比叡山延历寺的僧兵最为强悍。他们在中世由于"神佛习合"，不仅拥有佛教严密的理论和规整的仪式，而且还拥有日本传统神祇的神秘权威（这一点后面再详细讨论）。据说，延历寺的大众（佛寺中的某种外围组织），曾扛着日吉神社的神舆，兴福寺的大众，则曾扛着春日神社的神舆，全副武装强行闯进京都御所去"强诉"。天皇虽然有御所的防卫，但面对神佛，信仰宗教的武士也不敢轻易正面对抗，所以两寺的僧众也被称为"恶僧"。后人甚至觉得，他们就像欧洲的骑士修道会（knight of the order），就连天皇也觉得头痛。传说白河法皇（しらかわてんのう、1053~1129）就曾说，当天皇也有"三不如意"，就是贺茂川（鸭川）的水、双六（陆）的赛（目）和山法师，其中，"山法师"指的就是延历寺的僧兵。

日本的寺社之所以能成为"权门"、拥有巨大的能量，除日本历史上很多皇族或贵族本身就是僧侣领袖，这使寺社拥有很大的世俗权力外（这一点下面还要具体论述），我以为，大概还有以下三个历史条件。第一，当然是宗教本身的信仰与纪律。这固然是维系信众的最重要因素，能够使它形成教团，但日本宗教的"显密体制"和"神佛习合"，更是

下篇　王权与神佛：意识形态与宗教信仰

使它成为坚固教团的重要原因——它既有思想学说作为信仰的基础，又有神秘方术作为信仰的维系，因此具有极大吸引力和凝聚力。而中国佛教除了隋唐之际被朝廷严厉禁止的三阶教之外，都不具备这种吸引力和凝聚力。第二，除了宗教自身条件之外，还需要外部的政治空间，即世俗政权容忍甚至鼓励它的存在和扩大，不至于从一开始就对它压制和扼杀。在日本古代和中世，"公家"和"武家"都对佛教和神道极其崇敬。日本不像中国——古代中国从一开始就有历史悠长的世俗伦理，儒家在西汉中叶之后由于"罢黜百家"成为垄断性政治意识形态，更在西晋以后，迅速儒法合一，达成法律化，极大地取代甚至限制了宗教；日本政治制度和意识形态的情况却完全不同，这给日本宗教带来了蓬勃发展的机会。第三，日本宗教具有很强的经济实力。日本佛教和神社逐渐发展并拥有巨大的庄园，比如白河上皇于宽治四年（1090）向下贺茂神社和上贺茂神社分别捐赠六百余町的免租税田，东大寺等寺院也把封户换成与人头相当的田地，寺社逐渐向庄园转化，并且以米或者绢、纸、布等作为年贡，变成了庞大的产业，甚至掌控海上贸易和物品借贷等经济活动。例如，上下贺茂神社掌控以濑户内海为中心的渔民和船员作为供祭人；延历寺和日吉神社则

形似神异：什么是中日传统政治文化的结构性差异

掌控以琵琶湖到北陆的渔民；伊势神宫更控制着东海道的海上交通①。日本历史学家網野善彦曾指出，中世的佛教和神道极力维持和扩大自己的寺社领地，其中特别是三寺两山，"即兴福寺、延历寺、园城寺和熊野山、金峰山，以及伊势、石清水、上下贺茂、住吉、日吉和祇园等神社"，它们的势力非常强大②。而在这个时代，寺社中出现了很多既是武人又是山僧的成员，他们承包各地庄园和贡纳事务，也在寺社与社会之间从事商业活动。特别是前面提及的延历寺，这类人很多，甚至扰乱社会秩序，被称为"恶僧"或"神人"，以他们为中心形成寺院的军事力量，使得朝廷和幕府对深恶痛绝，却又无可奈何。

中世以来，日本的各个佛教寺院，就这样渐渐形成庞大的势力。他们还发展出中国佛教所没有的所谓"院家"，这些院就像本山的分支机构，也在不断膨胀。特别重要的是，他们与皇族和贵族有千丝万缕的

---

① 参看〔日〕網野善彦《日本社会的历史》第六章，第148页。在第八章，他还指出，日本的律僧和禅僧，在东西王权即将军和天皇的许可下，在海上交通要道设立关所，以"初穗奉献"的名目征收各种形式的费用。而且在十三至十四世纪建造中国式的海船，以沙金、水银、刀剑和纺织品与中国展开贸易，第219页。
② 〔日〕網野善彦：《日本社会的历史》第六章，第153页。

下篇　王权与神佛：意识形态与宗教信仰

联系，院主常常来自天皇、摄关（摄政与关白）或者所谓"清华家"，这叫作"门迹"（もんぜき）。所以，他们实际上就像割据一方的诸侯。像前面提及的天台宗延历寺，它下面的门迹，在京都就有著名的青莲院、妙法院（拥有著名的三十三间堂）；而园城寺（在大津，统称"三井寺"，传说中《源氏物语》撰述地），也拥有圣护院、实相院、円满院。这些寺院的门迹往往是世袭的，比如，列为清华家的西园寺家，如果长子担任大臣，弟弟就继承作为仁和寺胜宝院的院主，而长子的孩子也就成为下一任院主，也就是叔叔和侄子的继承顺序。因此，西园寺家就是这一系统的支配者①。比叡山延历寺的领袖即天台座主，园城寺的领袖即园城寺长吏，都是很有势力的人物，他们还常常互相攻击争斗（即所谓延历寺的"山门"对园城寺的"寺门"）。

由于这些来自权门的政治贵族成为宗教领袖，自然而然把政治引入佛门，也把佛门带进政治。天台宗这一系是这样，真言宗也不弱。真言宗原本最重要的本山是高野山，不过高野山的功能后来逐渐转向葬式，以祈祷和保佑国家安宁为最重要功能，真言宗的中心转向京都的东寺。东寺最高领袖"长者"，往往

---

① 这一部分参看本乡和人『権力の日本史』（文春新书1239，东京：文艺春秋，2019）。

由皇族、摄关家或者高级贵族担任，由天皇任命。历史上东寺最重要、最有名的支持者之一后宇多上皇（ごうだてんのう，1267~1324），也就是后醍醐天皇的父亲，他把很多庄园赐给东寺，希望真言宗也能够像天台宗一样，起到"镇护国家"的作用，祈祷国家安宁、农业丰收、平息天灾和抵抗外敌。正如黑田俊雄《王法与佛法》中指出的，"王法佛法相依论，本来就是在显密佛教与世俗权力结合而成的体制下，在佛教一方主导下发展起来的。这个佛法并不只有观念、思想层次上的意味，在现实中，有庞大的堂舍、庄园、末寺以及众多的'众徒'和'神人'，以及不辞以强诉、会战方式存在的社会的、政治的势力"。同时他也指出，在中世"这一势力与公家、武家保持了相对的独立性"①。

现在可以了解，为什么织田信长要铲除比叡山延历寺和石山本愿寺了。因为延历寺在中世就是大庄园主，是有力量的大权门，并且正如前面提到的，他们与政治关系极深，在建武新政（1334）时，后醍醐天皇试图统一权力失败，就曾经退到比叡山的延历寺，依靠僧兵对抗足利尊氏（あしかが たかうじ，1305~1358），而在织田信长的时代，延历寺更和浅

---

① 见黑田俊雄『王法と仏法　中世史の構図』，第38页。

下篇　王权与神佛：意识形态与宗教信仰

井、朝仓两个大名结盟，对织田信长构成威胁。而石山本愿寺也是在战国大名之外，把小领主、国人和地方势力联合起来的地方政治力量。虽然第八世法主莲如上人（れんにょ，1415~1499）曾经对徒众有"三不得"即"不得毁谤国法，不得毁谤佛法，不得轻慢地头守护"的训诫，但宗教势力一大，就不免与世俗社会有瓜葛、发生冲突。第十一世法主显如上人（1543~1592）和当时的守护大名细川晴元（1514~1563，势力范围为山城、摄津、丹波即近畿地区）、武田信玄（1521~1573，势力范围为甲斐即今山梨）都是姻亲与联盟关系①，而且与反对织田信长的西军首领毛利辉元（1553~1625，后长州藩第一代藩主）也有往来。众所周知，宗教的势力太大，政治的权力就不能不有所警惕②，公家、武家、寺家三方面的平衡就不能维持，这就是织田信长火烧延历寺和攻打石山本愿寺的原因。

其实，织田信长并不是第一个试图压制寺家，焚烧佛寺的将军，早在治承四年（1180），和源赖朝对

---

① 显如娶细川晴元的养女为妻，而她又刚好是武田信玄正室的妹妹，也就是说，显如是细川的女婿，也是武田的连襟。
② 本愿寺家自莲如、证如、显如以来，庞大势力，历史学者也把它视为"宗教色彩浓厚的大名"。

峙的平清盛(たいらのきよもり,1118~1181),就和大寺院发生过激烈冲突,曾派兵烧毁园城寺,接着又烧毁奈良的兴福寺和东大寺,还没收了这些寺院的庄园。近四百年后,试图以武力统一天下的织田信长①,只不过是重演了一遍历史而已。

---

① 织田信长的印判上有"天下布武"四字。

下篇　王权与神佛：意识形态与宗教信仰

二　"皇帝即当今如来"[①]：屈服于政治的中国宗教

可是，中国宗教的情况如何呢？

对于中国佛教史，学界都有一个普遍印象，就是中国虽然也有"三武一宗灭佛"，即皇帝出于种种目的压制佛教的现象[②]，但总的说来，中国很少有宗教之间的战争，也很少有针对宗教的战争。那么，是不是中国的宗教与政治就相对和睦相处呢？是不是中国政治权力就对宗教权力很友好呢？如果你到纽约大都会博物馆，在中国馆山西巨幅佛寺壁画的对面，就有北朝有名的浮雕石刻《礼佛图》。类似的《礼佛图》还有好些，也许它们会给人一个错觉，好像中国佛教也像中世纪的基督教一样，掌握神权的教皇在执掌政权的国王之上，至少宗教权力也和政治权力平起

[①] 这是北方佛教徒法果的话，他说魏太祖"明叡好道，即是当今如来，沙门宜应尽礼"，并且常常对人说，"能鸿道者，人主也，我非拜天子，乃是礼佛耳"。《魏书》卷一一四《释老志》，第3031页。

[②] 因为分别发生在北魏太武帝太平真君年间、北周武帝建德年间、唐武宗会昌年间、周世宗显德年间，所以叫"三武一宗灭佛"。

平坐。

其实这是误会。我们简单地回顾一下中国佛教史。由于"溥天之下,莫非王土"的观念,在古代中国天经地义,在一般民众的观念世界中,这种天赋皇权大概也已经是常识,它不仅被儒家认可,而且被历代王朝所接受。所以,在古代中国,皇权始终在政治权力的顶端,是独一无二的。可是,当异域传来的佛教试图按照印度或中亚的传统,要求信徒保持对政治权力的独立,并以宗教团体护佑其信徒,甚至试图以宗教权力与世俗权力分庭抗礼的时候,就引起了中国政治权力的激烈回应。

人们应该都熟悉下面这些中国佛教史上最重要的事件,也就是中古时代宗教与政治的冲突:公元四世纪中叶,就有执政的庾冰与信仰佛教的何充的冲突[1];到五世纪初,又有代表了国家利益的桓玄与王谧的争论[2]。这些例子大概都表明了在传统中国,皇权就是要压倒神权。因此,当五世纪初的东

---

[1] 见何充《奏沙门不应尽敬》、庾冰《代晋成帝沙门不应尽敬诏》等,《弘明集》卷一二,《大正新修大藏经》第52册,第79页。

[2] 桓玄:《与王令书论道人应敬王事》,《弘明集》卷一二,《大正新修大藏经》第52册,第80页。

晋元兴年间（约402~404），著名僧人慧远（334~416）在《沙门不敬王者论》中提出，出家者是"方外之宾"，可以"遁世以求其志，变俗以达其道"，公开提出佛教徒不必礼拜世俗王者的时候，这一有关皇权（政治）与神权（宗教）的争论就越来越激烈了①。

虽然慧远的说法很雄辩，可是，在传统中国的立场看来，世俗社会的等级制度是秩序之本，君主对于任何民众，就像父母对于子女一样，具有绝对的权威。儒家所谓"三纲"（君为臣纲，父为子纲，夫为妻纲）和"六纪"（诸父、兄弟、族人、诸舅、师长、朋友）是来自"天理"，它和宇宙秩序自然对应，即所谓"三纲法天地人，六纪法六合"②。而其中最重要的，就是从父子关系投射到君臣关系，这符合天地阴阳五行之理，君主的尊严和权威，就是社会秩序的保证，一旦动摇，秩序就会发生混乱。这一看法在古代中国是硬道理，佛教徒可能心里未必接受，

---

① 参见慧远《沙门不敬王者论》，《弘明集》卷五，第30页。按：桓玄在四世纪末五世纪初曾运用政治权力对佛教僧侣进行沙汰，除了对经典有深入研究的，严守戒律常住寺院的以及不出山林、不预世俗事务的佛教徒之外，一律令其还俗。

② 陈立：《白虎通疏证》卷八《三纲六纪》，吴则虞点校，中华书局，1994，第375页。

形似神异：什么是中日传统政治文化的结构性差异

但在中古中国绝不可能正面反驳。因此，佛教徒对于古代中国政治伦理的回应，就总是很苍白乏力。我们看，信仰佛教的何充在回答庾冰的质疑时，就只能片面强调朝廷保护佛教政策的历史；佛教徒王谧回答桓玄的疑问时，也只能承认佛教是"殊方异俗"。即使是慧远，也还是不能不反复申明，其实，佛教也有种种"所以重资生助王化于治道者"，可以"内乖天属之重而不违其孝，外阙奉主之恭而不失其敬"。

如果是这样，那佛教信仰为什么还会与世俗秩序冲突？这里的深层道理，佛教徒却始终不方便直接说。慧远在《沙门不敬王者论》和《答桓太尉书》、《答何镇南难袒服论》中，四次说到同一句话，"达患累缘于有身，不存身以息患；知生生由于禀化，不顺化以求宗"①。其实它的本意是，依照佛教的道理，宇宙与人生的本原是"空"，人的现世生存是没有价值的，而社会的现实秩序也是没有意义的。如果你承认佛教所说，人的生存是一种苦难而又连续的过程，则父母的养育之恩、家庭的血缘之情、君主的治理之

---

① 见慧远《沙门不敬王者论》的《出家二》《求宗不顺化三》，《答何镇南》与《远法师答（桓玄）》，《弘明集》卷五、卷一二，《大正新修大藏经》第52册，第30、33、83页。

下篇　王权与神佛：意识形态与宗教信仰

德，都不具有天经地义的合理性，那么，何必尊重世俗社会的秩序与礼仪？但是，身处古代中国，忠孝伦理是核心价值，在政治秩序压倒一切的传统中，佛教正如前引道安所说，"不依国主，则法事难立"，因此，它在皇权面前只能退避三舍。

然而，皇权仍然不会善罢甘休。由于佛教教团对教徒的控制，伤害了世俗政权的民众控制权，佛教教团的扩张，也很容易与世俗政权争夺经济利益（如争夺土地、赋税和劳动力），宗教教团的庞大，又很容易形成与世俗政权对抗的军事势力①。所以，桓玄在最终强制性的命令中明白地说，因为佛教的缘故，社会上"避役钟于百里，逋逃盈于寺庙，乃至一县数千，猥成屯落，邑聚游食之群，境积不羁之众"。在这里，他终于说出，佛教对于世俗政权的问题，就

---

① 有的学者已经指出，四世纪末五世纪初，桓玄之所以登庐山会见慧远，其背景大概是他的政治对手殷仲堪于392年访问过庐山，因而他对于以庐山为中心的、以佛教名义聚集的南方知识分子群体的势力是很小心的，而在402年沙汰佛教僧侣的直接背景中，也应该注意到，桓玄掌握了东晋政权之后，面对五斗米道的孙恩一流以宗教方式聚众起义的现实心情与形势。参看牧田谛亮『中国仏教史研究第一』（东京：大东出版社，1981）第三章第五节「沙門不敬王者について」，第144页。可以注意的还有一件事情，就是与孙恩一样后来成为朝廷"叛贼"的卢循，也到庐山拜访过慧远，恐怕这不能不引起政治权力的警觉。

107

是"伤治害政"①。

中古中国这一争论,无论在政治史还是思想史上都至关重要。当然,这一争论延续了几百年。正如唐初傅奕所说,佛教在古代中国传统中,一方面对父母是不孝,一方面对君主是不忠,而"人伦大者,莫如君父"②,因此它很难在中国的政治环境中立足。所以,有关"沙门不敬王者"也就是宗教与皇权的争论,最终在唐代见了分晓:显庆二年(657)皇帝下诏,宗教徒必须礼拜王者及父母,而父母与君主不用礼拜僧尼,并且"所司明为法制",也就是说

---

① 桓玄:《与僚属沙汰僧众教》,《弘明集》卷一二,《大正新修大藏经》第52册,第85页。虽然,在404年,桓玄终于也同意沙门可以不向世俗王者致敬,这可能是由于其他偶然的原因,如慧远的说服及王谧的建议。但从思想与政治上看,世俗政权却没有改变自己的立场与观念。所以这种反对佛教的理由,在四至七世纪始终是站在官方立场上的人所重视的,其中最清楚的表述,是刘宋时代萧摹之说佛教的扩展,使"不以精诚为至,更以奢竞为重……甲第显宅,于兹殆尽,材竹铜采,糜损无极"。见何尚之《答宋文帝赞扬佛教事》,《弘明集》卷一一《大正新修大藏经》第52册,第69页。又,唐代傅奕《上减省寺塔废佛僧事》中关于佛教"剥削民财,割截国贮"和"军民逃役,剃发隐中"的指责,见《广弘明集》卷一一,《大正新修大藏经》第52册,第160页。

② 傅奕语,见《资治通鉴》(中华书局,2009)"武德九年(626)",第6003页。

下篇　王权与神佛：意识形态与宗教信仰

从法律上规定宗教必须服从政治①；到了唐玄宗天宝五载（746），更宣布以官辖寺，以寺辖僧的管理政策，用官方掌握的度牒，注明僧人名号及所属寺院以作身份证明，等于让僧尼道士也如同编户齐民；第二年（747）更规定"天下僧尼属两街功德使"，这更限制了宗教徒的组织与行动自由②。在唐代的各种法律文书中，严格规定了僧尼与道士的行为规范，如不得"假说灾祥"，不得"占卜吉凶"，不得"习读兵书"，不能"私度"，甚至不能穿"俗服"③。请注意，在这一点上中国和日本大为不同。尾藤正英说，尽管七世纪末的天武、持统朝，从唐朝引进律令制的国家制度，后来八世纪初的《大宝令》以及再后来的《养老令》，都有关于僧尼之令，也就是规定僧尼出家必须由国家批准、僧尼不得进行寺院之外的宗教活动，僧侣

---

① 显庆二年规定"僧尼不得受父母及尊者礼拜"，《唐会要》（中华书局，1955）卷四七，第836页。
② 《佛祖统纪》卷四〇，《大正新修大藏经》第49册，第375页。
③ 参看诸户立雄『中国仏教制度史の研究』（东京：平河出版社，1990）第一章「道僧格の研究」，第8~52页；竺沙雅章「内律と俗法——中国仏教法制史の一考察」，载梅原郁主编『中国近世の法制と社会』（京都大学人文科学研究所，1993），第1~37页；又，郑显文「唐代道僧格及び其の復原の研究」基本上即沿袭诸户立雄书的研究，载『普門学報』（2004）第20期，第137~178页。

109

形似神异：什么是中日传统政治文化的结构性差异

由国家统一管理并在僧侣中选拔僧纲（僧正、僧都、律师）等制度，并把佛教管理置于治部省下的玄蕃寮（"玄蕃寮"三字，说明佛教还是外来宗教）。但是，"这些控制性的制度，因为都是模仿唐朝的中国制度，但（在日本）未必拥有实际效力"①。所以，砺波护（となみ まもる，1937～）在《唐代拜君亲制度的实行与撤销》中就明确指出中世日本与隋唐中国在这方面有差异，并且说，导致中日佛教这种命运差异的原因，乃是由于社会结构的不同②。

所以说在古代中国，佛教不可能像日本那样，形成与世俗政权对抗的庞大力量，它不可能是"权门"只能是"方外"③。即使它进入政治领域，也只是被皇权利用的角色，如同季羡林分析过的那样，"人主

---

① 尾藤正英『日本文化の歴史』，第49页。
② 砺波护「唐代における僧尼拝君親の断行と撤回」、『東洋史研究』（京都：东洋史研究会，1981）第40卷2号。又，参看砺波护『隋唐の仏教と国家』（中公文库，1999）第五章「王法と仏法を并列視する日本の中世」。
③ 正如康乐《沙门不敬王者论——"不为不恭敬人说法"及相关诸问题》的分析，首先，"中国社会并没有普遍接受宗教权威超越政治权力之上的观念，也没有一个高踞于社会金字塔顶端的祭师阶层"；其次，"当时中国的社会位阶已经是以'士人'为首，而君主则在所有位阶之上"。因此，印度传统的"沙门不礼白衣"即面临严酷的考验，特别是面临中国祖先崇拜和孝道的对抗。载《新史学》（台北，"中研院"史语所，1996）第七卷第三期。

下篇　王权与神佛：意识形态与宗教信仰

看宗教对自己有用的程度，而决定取舍和抑扬"①。同样，中国另一大宗教道教也不例外。东汉三国时期，刚刚成形的道教，也曾试图建立半行政化、半军事化，即组成政教合一、兵农合一的"治""方"，但这种可能独立的宗教形式，由于威胁到政治权力，并不能被皇权容忍。到唐宋之后，他们也不得不接受皇权的管制，只能寄身于所谓"洞天福地"，除了在宫观接受香火、在社会承担祈禳仪式之外，已经不再像早期道教那样军政教合一。他们既不能像过去那样"领户化民"，也不能像过去那样让百姓"输米、肉、布、绢"，更不能像过去那样如同军队一样"军行师止"②。

① 季羡林说，在唐高宗、武则天时代，宗教对于政治的用途，决定了宗教的荣辱盛衰，而用途"包括六个方面：一，哪个宗教拥立了自己？二，哪一个宗教对眼前或将来的统治有用？三，哪一个宗教能为自己的门楣增光，对调整品级结构、抑制名门大族、抬高庶族地位、确定族望与官品结合的等级结构有用？四，哪一个宗教有利于扩大版图？五，哪一个宗教有利于长生不老？六，如果是一个女皇，哪一个宗教能抬高妇女的地位？"参看季羡林《玄奘与大唐西域记》，(唐) 玄奘、辩机：《大唐西域记校注》，季羡林校注，中华书局，1985，第37~38页。
② "领户化民"是《玄都律文》中的说法，《道藏》第3册 (影印本)，文物出版社、上海书店、天津古籍出版社，1988，第957页；"输米、肉、布、绢"是佛教徒道安《二教论》中的揭发，见《广弘明集》卷八，《大正新修大藏经》第52册，第140页；"军行师止"是《陆先生道门科略》中的说法，见《道藏》(影印本) 第24册，第780页。

形似神异：什么是中日传统政治文化的结构性差异

这其实就是一个宗教向政治臣服的历史过程。我曾经在《屈服史及其他：六朝隋唐道教的思想史研究》一书中仔细讨论过这些问题：为什么道教不可以有半军事半行政的组织，早期天主教和伊斯兰教不也是这样的么？为什么中国就不能允许这种"政教合一"宗教组织的存在，甚至连这种存在的合理性都不能成立？可以说，这正是关系到在后来的中国，宗教权力始终不可能与世俗皇权并峙的大问题[1]。其实，主要的原因就是，在中国历史上，秦汉以来就是皇权独大，不仅"王霸道杂之"，有儒家意识形态和法家控制手段，更有自上而下"由臂使指"的郡县制，还有庞大的士大夫官僚群体支撑这个政治权力。

世俗政治权力不能容忍宗教的挑战，正所谓"卧榻之侧，岂容他人鼾睡"。我们不妨看唐代前后的若干现象。自从北魏由朝廷任命"僧统""道统"，北周武帝建立通道观打压宗教以来，无论是佛教还是道教，都只能成为皇权之下的辅助工具。表面上，在朝廷中还有所谓"三教论衡"，但实际上，正如罗香林在《唐代三教讲论考》中指出的那样，唐代"朝廷

---

[1] 参看葛兆光《屈服史及其他：六朝隋唐道教的思想史研究》，生活·读书·新知三联书店，2003，"引言"，第8页。

下篇　王权与神佛：意识形态与宗教信仰

常为三教讲论，终之亦寝成融和汇合之局"①。如果说，在太宗、高宗时代，还是使"三教互为观摩，商榷意旨"，那么，在玄宗时代则趋向三教调和，而越往后，这种思想交锋的意味越淡薄。除了大历年间吴筠与神邕并不在朝廷中发生的争论之外（767）②，在朝廷上的所谓"论衡"，有时竟成三教之间取悦皇帝的机锋表演和戏弄滑稽③。

---

① 参见罗香林《唐代三教讲论考》，《唐代研究论集》第四辑，台北：新文丰出版公司，1992，第74页。
② 根据我的考察，最后一次严肃而激烈的争论，大约是在大历年间由吴筠挑起来的，《佛祖统纪》卷一〇记载，"大历初，中岳道士吴筠造论毁佛，观察使陈少游请（左溪门下旁出·神邕禅师）决之，师约吴筠面论邪正，旗鼓才临，筠已败北，遂著《翻邪论》三卷，以攻余党"（当时神邕在浙江，影响波及"丹阳以南，金华以北"），《大正新修大藏经》第49册，第202页；有关此事，又可参看《宋高僧传》（中华书局，1987）卷一七《神邕传》："先是，中岳道士吴筠造邪论数篇，斥毁释教，昏蒙者惑之，本道观察使陈少游请邕决释老二教孰为至道……旗鼓才临，吴筠覆辙，遂著《破倒翻迷论》三卷"，该书第422页。宋吴曾《能改斋漫录》（上海古籍出版社，1979）卷五引洪兴祖《天隐子跋》记载，吴筠当时曾撰《明真辩伪》《辅正除邪》《辩方正惑》三论，"诋释氏以尊道家之学"，该书第132页。但是，这些论文后来均没有保存下来，关于这次争论佛教方面的记载很少，在道教文献中也几乎没有记载。
③ 如贞元十二年（796）唐德宗生日那天举办三教讲论，结果是由赵需、许孟容、韦渠牟和佛教徒覃延互相"嘲虐"，

形似神异：什么是中日传统政治文化的结构性差异

这种政治蔑视或者压抑宗教（以及思想）的现象，在传统中国历经宋元明清一直延续。不妨以明代为例，管理儒家知识的国子监祭酒，不过是从四品。虽然在曲阜的衍圣公，因为朱元璋的缘故得了一个世袭"正二品"的待遇，比起蒙古统治的元代高了一品，但绝不意味着他有和皇帝平起平坐的身份。皇权对于儒家这个象征性人物，其实也并不那么宽容。明代成化二年（1466），因为衍圣公"奸淫乐妇四十余人，勒杀无辜四人"，曾被"削爵为民"。同样，佛教与道教也不能不在政治权力之下屈服，明代朝廷设立僧录司和道录司"掌天下僧道"，而僧录司的最高职务"左右善世二人"及道录司的最高职务"左右正一二人"，不过是小小的"正六品"①。虽然明初洪武元年龙虎山张正常入朝，也曾得封正二品，但是，同时也被朱元璋"去其天师之号，封为真人"。到了隆庆年间更被朝廷革除他的真人称号，只能叫"提

用这种方式给皇帝的生日添加乐趣，而大和元年（827）十月，由秘书监白居易、佛教徒义林和道士杨弘元参加的讲论，更是一种仪式性的活动。所以，牧田谛亮『中国仏教史研究第一』（东京：大东出版社，1981）就指出，"近世中国佛教，正如'三教合一''三学一源''禅净混融'等语词表现的那样，在融合、融汇的美名下，完全埋没了佛教的本质"，该书第 61 页。

① 《明史》卷七四《职官三》，第 1817 页。

点"，直到万历年间才恢复。其中，像正一派张真人张元吉，"僭用器物擅易制书，强夺子女，先后杀平人四十余人"，被革除真人名号，"下狱禁锢，寻杖一百戍铁岭"①。

观看中国历史，从梁武帝以"菩萨皇帝"的身份与臣下讨论"神灭"，到宋孝宗《三教论》对儒释道的价值评判，从蒙哥汗与忽必烈有关佛道论争的裁决，到清代雍正撰写《拣魔辨异录》，在传统中国，皇权总是对宗教居高临下，不仅裁决着宗教地位的沉浮，也决定着宗教道理的是非。因此，可以说中国宗教（也可以包括儒家）始终是在政治权力控制之下，传统中国政治与宗教之间，就有了这样三个特征：第一是宗教信仰缺失了绝对性和神圣性；第二是宗教在政治上基本听命于皇权，伦理上基本上遵从儒家；第三是寺院宫观绝对没有独立的军事力量。

这显然与传统日本历史上能够翻云覆雨的"寺家"很不一样。

---

① 王世贞：《弇山堂别集》卷一八《衍圣真人同坐事》，中华书局，2006，第329页。

形似神异：什么是中日传统政治文化的结构性差异

三 "权门"与"方外"：中日佛教在政治文化领域的差异

末木文美士（すえき ふみひこ，1949～）在《日本思想史》中指出，传统日本思想有明暗两端。王权是"显"的一面，它在中国传来的儒家思想影响下，处理世俗的、现实的问题，可以说是政治和伦理思想；而神佛是"冥/幽"的一面，它在中国传来的佛教和日本本土的神道支配下，处理超世俗、超现实的信仰问题，它可以说是宗教思想①。正如前面所说，日本的宗教深入政治，与王权互相调和与冲突，是与公家、武家并峙的"权门"之一，这一情状显然与中国大为不同。中古时代之后的中国，佛教与道教并不能进入政治权力中心，更多只是作为"方外"，宗教负责的主要只是个人生活与精神领域。

在这一基础上，我想对中日宗教的差异做进一步比较。尽管中日宗教在很多方面都很相似，比如宗教的最高领袖都是朝廷任命的，寺院都拥有很多田地和产业，

---

① 末木文美士『日本思想史』（东京：岩波书店，2020），第16～17页。参看葛兆光对此书的评论《"王权"与"神佛"：日本思想史的两极》，载《读书》2020年第5期，第3～14页。

僧侣都以寺院为基地进行宗教活动,等等。但是,日本与中国之间的差异相当大,我们不妨举出四个方面。

第一,皇族与贵族作为僧侣领袖。

古代日本皇族或贵族与佛教关系之紧密,往往让人很吃惊。村上专精(むらかみ せんしょう,1851~1929)早在1899年出版的《日本佛教史纲》中就指出,平安时代以后,皇室与贵族出家越来越盛行,后白河天皇(1127~1192)以下,像法名良然的后鸟羽(1180~1239)、法名素觉的后嵯峨(1220~1272)、法名素实的后深草(1243~1304)、法名金刚眼的龟山(1249~1305)、法名金刚性的后宇多(1267~1324),这些天皇都曾经名列佛门。而土御门天皇之子尊助法亲王(そんじょほっしんのう,1217~1291)、龟山天皇之子慈道法亲王(じどうほっしんのう,1282~1341),也先后进入著名的青莲院成为有名的"门迹"。而贵族权臣中,藤原道家、平重盛、源赖朝这几个在中世史上举足轻重的贵族,都极为崇信佛教[1]。像传为《愚管钞》作者的慈円(じえん,1155~1225),就是关白藤原忠通的小儿子,他的三个兄长基实、基房、兼实,在藤原忠通死后分为三家,即近卫、松殿和九条,而他则在青莲

---

[1] 村上专精「日本仏教史綱」(东京:创元社,1939)下册,第186~187页。

院，在他的老师觉快之后，成为青莲院的"门迹"。后来，他又四度成为"天台座主"，而他的同母哥哥九条兼实（くじょうかねざね，1149~1207），曾担任过摄政、关白、太政大臣，在政治上失败后，也皈依净土宗法然，法号円证[①]。

对于日本政治与宗教关系来说，影响最大的就是这些皇族或贵族出家为僧，并建立或主持寺院，成为所谓"门迹"，直接导致了宗教与政治的联姻。尤其是，当这些出身皇族、摄关家、清华家的贵族成为院主、塔头，便把宗教内部塑造成如同世俗社会的等级制结构。这一点正如本乡和人（ほんごうかずと）所说，强有力的贵族与佛教寺院结成紧密的关系，贵族子弟作为院主进入佛门，在寺院形成与世俗社会相同的身份秩序；在他们的周围，那些中级、下级贵族子弟出身的僧侣，就像从者一样侍奉着院主；在他们的下面，又有土豪和有力农户，作为更下层僧侣，从事院

[①] 对新兴的禅宗，日本皇族与贵族的痴迷，也远远高于中国皇帝与贵族。以十三世纪下半叶龟山天皇时代为例，禅师无本觉心（法灯国师）从中国回到日本，曾为龟山上皇讲"禅要"，开创临济宗"法灯派"；另一个著名禅僧円尔弁円则为天皇授"菩萨戒"（1273），又给龟山上皇讲"三教"（1274），故被称为"（圣一）国师"。同样，来自南宋中国的兰溪道隆、无学祖元，则与镰仓幕府的将军北条时宗、北条时赖关系密切；而1291年（日本正应四年），更由龟山法皇奠基，圣一派的无关玄悟建立了位居五山之上的京都著名的南禅寺。

家的杂务。于是，宗教本身就构成了一个自成系统的等级身份社会①。

不妨对比历史上日本与中国著名佛教僧侣领袖的出身，这一点差异大概是很明显的。中国并不是没有皇族或贵族出身的僧侣，但数量及影响都远远不如日本，无法形成拥有世俗权力而且是世袭的"贵族僧侣"，更无法将佛门打造成横跨政教两界势力熏天的"寺家"。然而在日本，这些出身豪门的佛教徒，往往把世俗的政治权力带入佛门，又把佛教的宗教权力投射到世俗政治，成为日本所谓"权门"中的"寺家"，深刻地影响着日本的政治文化。

第二，神佛习合、显密交错与"镇护国家"的传统。

日本佛教的"神佛习合"和"显密交错"，大概是与中国宗教最大的差别之一。汉传佛教在古代中国，一方面大体上延续印度佛教传统，始终与古代中国社会巫觋与神仙信仰划清界限，同时维持着佛教边界；另一方面与本土中国的道教保持着相对独立的并

---

① 本乡和人『権力の日本史』（"文春新书"1239，东京：文艺春秋，2019），第80页。他以室町时代的兴福寺为例，广桥家的光雅、贞兼、兼雅、贞雅、贞就，是兴福寺松林院的院主，而光晓、兼晓、兼円则是兴福寺东院的院主。而这一系的广桥仲光（ひろはし なかみつ，1342~1406），就是深受幕府将军足利义满（あしかが よしみつ，1358~1408）信任、很有权力的从一位，权大纳言。

立状态,即便在唐代也曾接受某些密宗因素(如陀罗尼咒),但基本还是显教的经典、义理和仪轨在流传。那么,日本则一方面是显教各派深刻地纳入密宗色彩,即前引黑田俊雄所谓的"显密体制";另一方面是外来的佛教与本土的神道彼此交融,即所谓"神佛习合"(しんぶつしゅうごう)。

在日本,无论是贵族还是平民,从古代以来就有种种神祇信仰,树木、石头、动物等精怪信仰深入人心,而对于各种神祇的崇拜,同时也是日本皇族与贵族权力合法性或神圣性的来源。从日本古代国家形成的七世纪起,神祇信仰就已经郑重地被纳入国家制度(如有"神祇令")①。大化革新那一年(646)七月,苏我石川麻吕上奏建议"神事优先",在祭政一致的理念下,形成神祇官、太政官并列的体制,并且由地方国司主持神社修理和祭祀举行②。一直到镰仓幕府颁布的《御成败式目》(1232,ごせいばいしきもく,所谓"贞元式目"),其第一条仍然规定幕府管辖下的地方,

---

① 古代日本有关神祇令的内容包括:(1)每年朝廷对于各种神祇的例行祭祀;(2)天皇即位时的神祇祭祀仪礼(大尝祭,だいじょうさい或おおなめまつり);(3)官方对神祇祭祀的管理制度与职官设置;(4)负责官方举行的除罪消灾大祓;(5)官方神社的经营管理;等等。
② 参看国学院大学日本文化研究所编「神道事典」(东京:弘文堂,2013),第8页。

下篇　王权与神佛：意识形态与宗教信仰

要"修理神社专祭祀事"，第二条才是"修造寺塔勤行佛事等事"①。

因此，尽管从古代国家形成之时日本就引入了佛教，甚至佛教成为促成日本国家形成的重要因素②，但神祇信仰（以及后来的神道）始终占有相当重要的位置。《日本书纪》在"用明天皇即位前纪"中曾说，"天皇信佛法，尊神道"，自从古代日本国家形成以来，神佛并立作为国家神圣性的基础，也许就已经成为根深蒂固的传统。到十一世纪之后，日本佛教显密交错并吸收神祇信仰的趋向，更适应了日本政治文化的需要③。由于日本本土极有影响的神祇崇拜和义理绵密的外来佛教结合，便出现了最具古代日本宗教色彩的"神佛习合"。

简单解释一下什么是"神佛习合"？就是佛寺里面供奉神，神社里面也有佛菩萨。本来是日本土产的神，可以被当作佛教的"天"，作为佛教护法神；本

---

① 参看黑田俊雄「日本宗教史上の『神道』」、『王法と仏法』，第 101 页。
② 井上光贞把日本古代国家形成时代的佛教，称为"国家佛教"，见井上氏『日本古代の国家と仏教』（东京：岩波书店，1971）；石母田正则认为，佛教帮助天皇以"国家内的权力"塑造"国家外的权威"，『岩波講座·日本歷史·古代史概説』（东京：岩波书店，1962）；参看同氏『日本古代国家論　第一部』第一部「国家と行基と人民」（东京：岩波书店，1973）。
③ 参看前引黑田俊雄『王法と仏法』，第 33 页以下。

形似神异：什么是中日传统政治文化的结构性差异

来是供奉天神的神社，也可以在旁边建立神宫寺，供奉佛像与诵读佛经。按照古代日本的说法，神道教就是佛教，佛的法身（本身）随时应机说法，而神道的神灵就是佛或菩萨的化身（应身），像所谓比叡山的"山王"，就是释迦牟尼的化身（垂迹）[1]。

在古代与中世，正如前面所说，日本形成了王法和佛法互相依存、互相支持的传统。因此，既植根于本土传统神祇信仰（神佛习合），又拥有外来佛教超越性力量（显密交错）的佛教，就成为影响政治合法性的重要因素。天皇也好，贵族也罢，他们都需要得到佛教的支持。这使得佛教迅速进入日本神圣文化的深层，并且很自然地成为支持政治权力神圣性的宗教力量，并在"镇护国家"的口号下，成为日本政治合法性或神圣性的来源，它往往深入地和广泛地介入日本的各种政治权力争斗[2]。然而，中国佛教也罢，道教也罢，各自守住自己的风格，困守于各自的寺观，虽然也参与世俗社会的事务，但无法进入政治

---

[1] 参看义江彰夫「神仏習合」（东京：岩波书店，1996）。
[2] 丸山真男在『忠誠と反逆：転形期日本の精神史の位相』（第75~76页）中说，"佛教作为世界宗教，本来从海外传来，是为了彻底的、超越的信仰，但是，由于'镇护国家'的传统，它已经从'沙门不敬王者'的原始佛教要素那里变质了"。但实际上即使在中国，佛教也与政治分不开，正如道安所说的"不依国主，法事难立"。

顶层，正如宋孝宗所说，"儒家治世，佛家治心，道教治身"，大体上处理的只是身心，而在政治上，佛道则不过是皇权与儒学的附庸。

第三，檀家制度与本末寺制。

这恐怕是日本佛教与世俗社会形成极其紧密的联系，甚至渗透到上到贵族下到平民社会的最重要因素。十四世纪以后，净土、净土真宗、曹洞、日莲等新佛教各自形成大规模的有力量的教团。其中很重要的原因，一方面就是前面所说的，皇族或贵族出家成为僧侣；另一方面由于"檀家制度"，佛教与社会产生紧密联系。日本历史上，上至皇室（如京都真言宗的泉涌寺）、德川将军（如江户净土宗的增上寺），下至一般民众，都算是某个寺院的信众，这个寺院就是他的另一个"归宿"，家族死后的墓地、葬式、祷念都由这个寺院负责，这就是檀家制度（或"寺檀制度"）。中国佛教则不同，虽然中国佛教也有社会上的供养人与某寺院的密切关系，僧侣也为世俗的丧葬做法事，但寺院与民众并没有固定的"从属"和"名分"。加上中国深入社会基层的郡县制，官僚代表皇帝直接掌控着地方民众，而宋代之后，儒家作为主流意识形态，更是极为重视家族的重要性，强调土葬与墓地，形成正统的儒家葬礼（如《朱子家礼》所述），剥夺了佛教对于普通民众身后世界的管理权力，这就使得传统日本与

形似神异：什么是中日传统政治文化的结构性差异

中国的佛教，在社会中的渗透和管控能力上差异很大。

正如日本学者指出，很多日本地方寺院之形成，往往是地方有力量的武士在住宅中设立"持庵"（持佛堂），或地域社会共同进行宗教活动建立的惣堂(そうとう)，这些也就成了一些僧侣修行之所。根据这个僧侣的从属宗派，这些寺院与这个宗派的本山结成"本寺"和"末寺"的关系，这些寺院与地方民众联系密切，庞大的堂舍、庄园、末寺以及众多的信徒[1]，又使得日本佛教从上到下，从本到末形成树形结构，产生巨大的力量[2]。前面我们提到扛着神舆到御所闹事，使得天皇也头痛不已的"山法师"，比叡山延历寺庞大的僧兵（恶僧）、石山本愿寺一呼百应的"一向一揆"，都是传统日本佛教才有，而古代中国佛教从来没有的特色[3]。

第四，参与国家外交与文化事务。

这一点，我想简单提及即可。众所周知，早期日本

---

[1] 黑田俊雄『王法と仏法』，第38页。
[2] 尾藤正英指出，"檀家制度"和"本末制度"，一般认为是德川时代锁国之后的宗教统治政策，但根据竹田听洲的研究，80%以上的民间寺院是宽永二十年（1643）以前就形成的，可见这两个制度不是权力或人为的，而是渐渐自然形成的，江户时代只是利用这种自然趋势加以规定而已。参看『日本文化の歴史』，第129页。
[3] 当然，这种庞大的宗教势力之形成，也和日本古代国家对地方的控制能力远远不如传统中国有关。参看本书中篇"郡县与封建：国家形态与社会结构"。

下篇　王权与神佛：意识形态与宗教信仰

来华（或朝鲜）的人众里，僧侣占了很大的比例，如唐代的道昭、道慈、玄昉、灵仙、惠萼、最澄、空海、円仁、円珍，以及宋代的奝然、寂照、成寻等。不过，唐宋时代的僧人承担的主要是学习佛法回国传授的责任。但在中世之后，由于日本面向的国际圈，主要是西边使用汉文作为外交语言的中国与朝鲜，因此，无论在情报收集、国情分析，还是在外交往来方面，精通典雅汉文的禅僧，自然就成为国家外交与文化事务的重要人物。

以十四至十七世纪为例，日本赴明朝的使节，从明代初期的祖来（1371年）、闻溪円宣（1374年）、坚中圭密（1403年）、明室梵亮（1404年）、龙室道渊（1433年）、东洋允澎（1453年），一直到明代嘉靖年间的策彦周良，都是来自禅寺的僧人；而作为官方朝贡往来交通工具的，也不少是相国寺、天龙寺、圣福寺、大乘院、三十三间堂的船只[1]；

---

[1] 田中健夫指出，十五世纪初，足利义满开始对明外交后，在一个半世纪中，有记载的共有19次遣明船。虽然中间也有足利义持等将军的政策变化，但是从第一次（建文三年，1401）正使祖阿带领使团前往，到第十九次（嘉靖二十六年，1547）策彦周良率大内船前往（两年后回国），其中，日本的正使多是禅僧，如坚中圭密（4次出使，1403年、1407年、1408年、1410年）、明室梵亮（1404年）、龙室道渊（1433年）、恕中中誓（1435年）、东洋允澎（1453年，这一次同行者有笑云瑞圻）、天与清启（1468年）、竺芳妙茂（1477年）、了庵桂悟（1511年）等。见田中健夫『中世対外関係史』（东京：东京大学出版会，1975）第四章，第153~154页。

至于国家的外交文书,也往往是由禅僧们起草①。特别可以提到的是,如今留下有关日本与明朝外交往来最重要资料的《入明记》《初渡集》《再渡集》的使者,笑云瑞䜣(しょううん ずいきん,1451~1454年遣明使)和策彦周良(さくげん しゅうりょう,1539年及1547年遣明使),都是日本禅宗僧人,前者曾是相国寺、南禅寺的住持,后者是天龙寺妙智院的第三世院主。我们看到,日本禅宗僧人往往熟悉东亚诸国的情况,也很擅长周旋与协调国家之间的关系。举一个例子,朝鲜世宗即位元年(1419),也就是明朝永乐十七年或日本应永二十六年,当朝鲜与日本发生所谓"应永外寇"(朝鲜称为"己亥东征")的对马之战,同时明朝对日本倭寇也获得望海埚海战胜利,这时,形势对日本相当不利。在日本处于比较危急的时刻,九州禅僧无涯亮倪(むがい りょうげい) 就以他的经验和智慧,借着访求七千卷大藏经的名义,亲赴朝鲜,表示要"使此邦之人,永结胜缘"②。在仁政殿朝贺时,他特意

---

① 这方面的资料,可以参看村井章介等编『日明関係史研究入門』(东京:勉诚出版,2015);特别是第一部「総論」中的"各论2":"唐、宋、元时期渡海的僧侣与遣明僧人",第75页以下;第四部「総説」中的"各论2":"五山僧与教养"。
② 《朝鲜王朝实录·世宗》"世宗元年十二月丁亥"。

赋诗一首："广拓山川归禹贡，高悬日月揭尧天；圣朝何以酬皇化，端拱三呼万万年。"这使得朝鲜国王非常高兴，表示要"两国通好永坚无逾"[①]。这才使得东亚这一危机得到化解。

可是，和日本不同，秦汉之后郡县制与官僚制的中国，无论是佛教还是道教，绝对只能是"方外"，完全没有参与国家外交与文化事务的机会。

[①] 《朝鲜王朝实录·世宗》，"世宗二年正月乙巳"。以上参看葛兆光《蒙古时代之后——东部亚洲海域的一个历史关键时期（1368~1420）》，载《清华大学学报》2021年第4期，第1~14页。

形似神异：什么是中日传统政治文化的结构性差异

四　怎样走出中世纪？——近代过程中欧洲、日本与中国宗教的位置

王权与神权之间的关系，往往是影响历史变化的重要因素，更是决定从传统走向现代过程的一个变量。拥有长久历史和宗教传统的区域，王权与神权之间关系的变化，一定会影响这一区域"走出中世纪"的不同路向。如果我们看欧洲、日本与中国，似乎从近代早期王权与神权冲突的激烈程度上，可以大致上区分出三种不同类型。

首先我们看欧洲。在中世纪，作为罗马帝国国教的基督教势力很大，它不仅控制了神圣领域，掌管着信仰者的精神世界，而且控制了政治领域，掌管着世俗的政治生活。原本罗马皇帝"就像统治国家一样，成了教会的最高主宰……这种国家凌驾于教会之上的现象，被视为理所当然"。但在中世纪，受到奥古斯丁《论上帝之城》的影响，教会逐渐独立，甚至凌驾于世俗权力之上，世俗国王需要教皇的加冕，这种加冕被解释为"天上的权力高于世俗权力的象征"。格雷戈里七世（Sanctus Gregorius PP. Ⅶ，1020-1085）更把教会高于国家的原则发展到顶点，认为教皇的权力来自上帝，不仅在教会中有至高无上的权力，而且超过

下篇　王权与神佛：意识形态与宗教信仰

任何世俗国王，因此有权废黜不服从教会的君主。到了英诺森三世（Inocent Ⅲ，1161-1216）时期，教皇的权力达到顶峰，他认为，教皇有权决定诸侯选出的国王是否合法，并且在候选人有争议的时候进行裁决。后来的卜尼法斯八世（Boniface Ⅷ，约1235-1303）在1302年甚至发出《一圣通谕》，正式规定教会高于一切世俗权力，基督的两把剑（《路加福音》第22章38节）都赋予教会，即宗教管理与世间管理，并说一把剑是给教会使用的，一把剑是为教会使用的（即世俗统治者按照教会旨意行事）①。这就导致了神权与王权的激烈冲突。

众所周知，十六世纪之后，由于罗马天主教会的贪婪和腐败，马丁·路德（Martin Luther，1483-1546）、约翰·加尔文（John Calvin，1509-1564）先后推动新教改革，这一宗教改革，导致了逐渐生长的新教社会与总是试图控制天下的罗马天主教社会之间的频繁战争，比如1562~1598年的法国战争、1588年西班牙菲利普二世对英国的海上战争、1567年荷兰反抗西班牙领主的斗争、特别是1618~1648年的"三十年战争"。在这种政治与宗教复杂交错的战争中，欧洲

---

① 以上参看G.F.穆尔《基督教简史》（福建师范大学外语系编译室，商务印书馆，1981），第161~173页。

形似神异：什么是中日传统政治文化的结构性差异

各国王权逐渐得到加强，逐渐挣脱了罗马教会的控制，形成强大的主权国家。可以说，"威斯特伐利亚条约"之后，欧洲终于"走出中世纪"，形成现代国际秩序，也许在某种程度上，就可以把它理解为世俗王权摆脱神圣教权的激烈历程。

其次我们看日本。在日本，由于传统"公家""武家""寺家"三足鼎立，王权与神权的决裂并没有那么激烈，相对来说是一个渐进与温和的过程。不少学者看到，在江户时代初期也就是十七世纪初，由于幕府将军及军事领导人面对很多棘手的政治、文化与思想问题①，其实，曾经很有意识地对宗教进行遏制。从织田信长到德川家康都是如此。比如1627年发生的"紫衣事件"和泽庵宗彭（たくあん そうほう，1573~1645）的放逐，就是幕府借故对后水尾天皇

---

① 渡边浩认为，德川时代日本幕府将军及儒学家面对的日本问题，有（1）封建、天皇、将军，（2）华夷之辩，（3）神道，（4）仁政，（5）君臣关系，（6）革命，（7）修己治人，等等，而这些问题与中国面临的问题相当不同。渡边浩「日本德川时代初期朱子学的蜕变」，第191、193~194页。另外，可以参看渡边浩『近世日本社会と宋学』，（东京：东京大学出版会，1985、1996）。和渡边浩稍有不同的是安丸良夫，他看出丸山真男把思想史的注意力集中在精英知识分子和有系统的思维方法上，于是有意识地提倡"民众思想史"，这也是从另一方面对丸山思想史学的纠正，后来桂岛宣弘的「幕末民衆思想の研究」（东京：文理阁，1992）也是这一思路的实践。

下篇　王权与神佛：意识形态与宗教信仰

(1596~1680)及佛教的钳制①；1665年幕府更颁布《诸宗寺院法度》（即所谓"九ヵ条"）和《诸社祢宜神主法度》，对佛教与神道宗门之下的民众与檀家加以清点，这显然也是对寺家权力的控制，这也是一些日本史学者认为，江户时代其实已经逐渐进入"近代"的原因之一。

以佛教为例，正如丸山真男《忠诚与反叛》中所说，日本佛教由于"本地垂迹"说，与日本原来的神祇"习合"，在战国以前，出现了法然、亲鸾、日莲等的法难，以及北陆、三河的"一向一揆"，加上比叡山和石山本愿寺与织田信长等政治权力的激烈对抗。但是，"到了德川时代，寺社逐渐被剥夺了完全自主的势力基础，并且被放置在寺社奉行的控制下，成为行政机构之末端之后，它与世俗政权对抗、争夺人们的忠诚的可能性和现实性已经完全没有了"②。不过尽管如此，瘦死的骆驼比马大，"寺家"还是很有势力，江户时代并没有从根本上禁绝佛教，

---

① 天皇对德高望重的僧侣赐予紫衣，是一种来自中国传统的习惯，1627年，后水尾天皇无视幕府《禁中并公家诸法度》，敕许授予大德寺、妙心寺僧人紫衣，幕府便于1629年将大德寺泽庵宗彭以流罪放逐到出羽国。这就是所谓"紫衣事件"。
② 丸山真男『忠誠と反逆：転形期日本の精神史的位相』，第75~76页。

131

形似神异：什么是中日传统政治文化的结构性差异

而是仍然延续了古代、中世的宗教政策，把佛教当作"国教"，所以佛教势力仍然相当厉害。但江户时代的佛教的确在衰落之中，正如辻善之助、家永三郎等学者指出的[1]，它面临三方面的困境：第一是不得不面对逐渐崛起的国学与神道。国学与神道发掘日本本土文化资源，以国家主义或民族主义为号召，通过解释古典，形成了强大的思潮。第二是不得不面对强大的德川幕藩体制。从织田信长以来，幕府及军事领导人就对宗教怀有警惕，江户初期天主教的星火燎原，更让幕府决心对宗教加以控制，在有史以来最强大的幕藩体制下，宗教只能逐渐臣服。第三是不得不面对佛教内部的弊病。自从镰仓新佛教兴起之后，除了清初从中国传来的黄檗宗之外，佛教并没有太多的自我更新和自我整饬，相反由于权力而腐败，甚至引起社会的反感[2]。

[1] 江户佛教史的研究者指出，在整个江户时代，儒学与神道出现了不少有创见、有影响的学者，而佛教却很少有富于创新、勇于变革的僧侣。参看辻善之助『日本仏教史研究』（东京：岩波书店，1984）第四卷『日本仏教史之研究　続篇下』及家永三郎「日本の近代化と仏教」，见『講座近代仏教』（京都：法藏馆，1961）第二卷「歴史編」。
[2] 前引辻善之助『日本仏教史之研究　続篇下』认为，佛教的堕落表现在：（1）禁止新变，党同伐异（如净土宗与本愿寺净土真宗之间，东西本愿寺之间）；（2）檀家制度使得寺院藩镇化、贵族化；（3）本末寺和僧侣阶级制度，使

下篇　王权与神佛：意识形态与宗教信仰

然而，世俗的王权遏制佛教的神权，建立集权国家的过程，在日本不仅相当缓慢，而且到了受外力冲击的巨变时代，还需要借用本土神道的资源，来建立和支持政治权力的神圣性。众所周知，在明治维新之初，由于面对西潮来袭，急需建立集权国家，给重新站在权力顶端、象征帝国神圣性的天皇制造神话，以凝聚帝国转型的力量，这种政治与宗教之间的冲突才逐渐激烈化，终于出现了"祭政一致"和"神佛判然"[①]。明治元年（1868）三月十三日，明治政府宣布，由神社神职为国家宗教行政官，排除佛教僧侣的参与，佛教失去了江户时代的国教地位，这就是"祭政一致"；第二天即三月十四日，

得近世佛教日益衰落。见该书第27页。而前引家永三郎「日本の近代化と仏教」则认为，佛教在江户时代的"国教化"，既确立了佛教的地位，也导致了佛教的腐化堕落，寺院转向葬式、追善、盂兰盆等仪式性的功能，例如铁眼的《假名法语》和白隐的通俗谣谚，都在维护统治，鼓吹封建，见该书第10~11页。

① 末木文美士指出，"明治维新之中，巨大原动力神道民族主义结合尊王攘夷运动，对佛教进行排斥。因此，当初采取复古主义政策的明治政府编发出'神佛判然令'，把神社从佛教的支配下独立出来，因而引发民间的'废佛毁释'运动，佛教因此受到极大的打击"。末木文美士「近代日本の国家と仏教」、『他者・死者たちの近代　近代日本の思想・再考Ⅲ』（东京：トランスビュ-，2010），第21~22页。

形似神异：什么是中日传统政治文化的结构性差异

在京都御所紫宸殿举行"天神地祇御誓祭"，由神祇事务官完成请神、献祭之后，大臣代表天皇，公布被称为"明治维新纲领"的《五条誓文》；半个月之后的三月二十八日，政府又宣布废除佛教化的神灵和菩萨，并且把佛像移出神社，这就废除了长久以来的"神佛习合"传统，这就是"神佛判然"。到了明治三年（1870）一月三日，官方更宣布"祭政一致，亿兆同心"，以神道教为国家之教，并且"以神道化万民"，甚至还以神道教的神职人员兼任地方官员。这一年的五月，又把天皇皇宫中的佛像和佛具移到泉涌寺，表示天皇与佛教划清界限①。显然，明治日本是在排除外来佛教的前提下，借助本土神道重新塑造王权的神圣性，建立高度集权的帝国，以推动现代化转型②。

再看中国。与欧洲和日本都不一样，正如前面所说，由于在传统中国政治文化中宗教始终臣服于政

---

① 关于这方面的叙述，参看宫本正尊「明治仏教の思潮」（东京：佼成出版社，1975）。
② 所以，明治六年（1873）专程赴北京的日本僧人小栗栖香顶才对中国僧人本然说，"方今日本，佛法外盛，内则大衰"。见小栗栖香顶「北京説話」，见陈继东「1873年における日本僧の北京日記」［东京学艺大学「国際教育研究」附录（东京：东京学艺大学）第20号（2000年3月）］，第23页。

治，加上在清代，各种宗教遭到皇权的致命打击①，因此在近代中国的政治变动中，宗教是很不重要的因素。特别是晚清中国遭逢"两千年未有之巨变"之时，宗教已经衰落不堪。以佛教为例，当时佛教代表人物寄禅（释敬安，1851~1912）在光绪五年（1879）就曾叹息，"迩来秋末，宗风寥落，有不忍言者"。光绪十八年（1892），情况更是每况愈下，他再一次叹息，"嘉道而还，禅河渐涸，法幢将摧；咸同之际，鱼山辍梵，狮座蒙尘"②。因此，在中国走向近代的过程中，似乎宗教（也包括更加衰落的道教）是一个不必考虑的因素，换句话说，在近代中国，宗教既不是推动维新的助力，也不是阻挡变革的障碍。

当然，并不是没有人注意到宗教的作用，晚清知识人也看到西方基督教和日本佛教的影响，他们也曾误以为西洋和东洋是因为有宗教，才鼓舞了人心、刺激了精神，使得国家富强、走向近代。但他们采取的是另外两个策略：一个策略是，在文化上把佛教道教

---

① 关于清代雍正时期如何压抑宗教这一点，我在2023年9月北京大学人文社会科学研究院"2023年度荣誉讲座"第四讲《政治与宗教之间：接着陈垣先生讨论清代前期的佛教》中，有具体的讨论，收入《余音不绝：接着讲宗教史》（北京大学出版社即出）。

② （释）敬安著，梅季点辑《八指头陀诗文集》，岳麓书社，1984，第447、471页。

形似神异：什么是中日传统政治文化的结构性差异

当作近代化过程中应当抛弃的糟粕，而在经济上把佛教道教当作可以榨取以襄助近代化的资源。在康有为和张之洞等人的倡议下，晚清官方倡导的"庙产兴学"，比起日本"祭政一致"和"神佛判然"来，对佛教的打击一点儿也不小，它导致了中国佛教教团在政治和经济上的极大窘境①。更为重要的另一个策

---

① 光绪二十四年（1898）五月二十二日，康有为在《请饬各省改书院淫祠为学堂折》中向光绪皇帝提出，希望"改诸庙为学堂"。他说，他的家乡广东，"乡必有数庙，庙必有公产"，因而建议"改诸庙为学堂，以公产为公费"。按照康有为的说法，这是"上法三代，旁采西例"，既有祖宗的传统，又有列强的证明。见《杰士上书汇录》，载于黄明同、吴熙钊编《康有为早期遗稿述评》（中山大学出版社，1988）；又见于《中国近代史资料丛编·戊戌变法（二）》，神州国光社，1953，第221页，转引自清华大学历史系编《戊戌变法文献资料系日》，上海书店出版社，1998，第771~772页。半个月之后，张之洞通过黄绍箕给光绪皇帝呈上他的《劝学篇》，其中《设学第三》中也说，现在西洋基督教在中国风行一时，佛教与道教十分衰落，要抵抗基督教的影响，应当加强学校教育，而缺乏资金的学校，"可以佛道寺观改为之。今天下寺观，何止数万，都会百余区，大县数十，小县十余，皆有田产，其物业皆由布施而来，若改作学堂，则屋宇田产悉具，此亦权宜而简易之策也"。他的建议是，第一，寺庙的十分之七改为学校；第二，寺庙田产等十分之七以供学堂；第三，使用庙产总额呈报朝廷，给予嘉奖，不愿受奖之僧道，可以移奖其亲为官。据徐致祥等《清代起居注册（光绪朝）》（台北：联合报文化基金会国学文献馆，1987）载上谕，光绪帝认为《劝学篇》"持论平正通达，于学术人心大有神益"，第30929页。

下篇　王权与神佛：意识形态与宗教信仰

略，则是试图把作为国家政治意识形态的传统儒家学说转化为"宗教"，以便现代转型中的清王朝也有宗教作为信仰支柱和认同基础。像宋恕就说，"图拯神州，不必改教也，复教而已。海东之所以臻此文明者，由有山鹿义矩、物茂卿诸子倡排洛闽之伪教，以复洙泗之真教也，海西之所以臻此文明者，由有味格力弗、路德、束盈黎、菲立麦兰敦诸子倡排教皇之伪教，以复基督之真教也。东西之事，复教之明效也"①。

康有为、张之洞等人的建立"孔教"说，大体上也是这一思路，但是始终并没有成功②。

---

① 宋恕：《致夏穗卿书》，载《宋恕集》上册，中华书局，1993，第528页。
② 如1898年康有为《请尊孔圣为国教立教部教会以孔子纪年而废淫祠折》，载麦仲华编《南海先生戊戌奏稿》（宣统三年1911年，刊本），但有人认为这篇东西是后来的伪作，参看黄彰健《戊戌变法史研究》（台北："中央研究院"历史语言研究所专刊第54种，1970）中的讨论。亦可参见荣庆、张之洞和张百熙厘定的《学务纲要》，见舒新城编《中国近代教育史资料》上册，人民教育出版社，1961，第202~203页。

五　不是结论的结论：中日政治文化中的政教关系基因

有些政治文化的传统，表面上未必会在当时直接改变历史走向，不过，它就像基因一样，终究会潜移默化地渗透到历史之中，给后来试图改变现状的人很多暗示，甚至直接影响了历史选择。

前面，我们讨论了走向近代过程中，欧洲、日本与中国宗教与政治关系的不同进路，那么，这一政治文化上的异同，将怎样影响近代欧洲、日本与中国的历史变化呢？这一问题太大也太复杂，不仅涉及各国、各地走向近代的路径选择、政治合法性的依据、精神领域与政治领域的分合，甚至影响到走向近代之后国家与文明的建设，这里无法细说。

其中，我特别关注的是，它对现代国家如何确立权力合法性基础的影响。下面，用最简单的方式概括我粗浅的看法。

欧洲走出中世纪是把政治与宗教剥离，就像有人形容的那样，是国王把教皇赶回梵蒂冈，把主教们关在教堂中，使得宗教逐渐转向超越领域，处理人的精神世界，而不再干预世俗政治；而世俗政治的合法性，则是通过近代民主制度获得，但不再有超越和神

下篇　王权与神佛：意识形态与宗教信仰

圣，"民"在这个时代取代了"神"①。日本却不太一样，如果说欧洲走的道路是趋向"民治"，那么，日本仍然试图保存"神治"。水林彪有一段议论很值得注意，关于明治日本的近代转型，他追问，在中世以后幕府压倒性统治下的国家体制中，为什么天皇权威仍然存在，而且在明治时代重新复活？近代天皇制的根据和实质，究竟是什么？他说，日本的天皇权威从历史上看包含两方面内容，"一是作为咒术性大祭司的天皇，一是作为世俗君主的天皇制，这两个权威在战国时期原本都坠落了，但是，织田信长、丰臣秀吉、德川家康的统一权力，却让它'复活'了，因为他们试图借助它实现集权，推动国家建设，因此仍然让天皇作为'法制权威'和'神之权威'的象征"②。正是因为江户时代国学与神道的兴盛（包括水户学），明治日本天皇集权的合法性，就得到神代史、神道教与国学家们的支持，在日本近代转型过程

---

① 列文森《儒家中国及其现代命运》（刘文楠译，香港：香港中文大学出版社，2023）中有一段话讲得很好，"说'民意'就是'神意'并不是为了定义后者，而是为了取代它。此处，在任何字面意义上，'神意'已经失去了力量，它只是一个比喻，用历史的语调来强调对新的无上权威的认可"，该书第229页。

② 水林彪「幕藩体制における公儀と朝廷——統一権力形成期の天皇制復活の論理」，載『日本の社会史』（东京：岩波書店，1987）第三卷『権威と支配』。

形似神异：什么是中日传统政治文化的结构性差异

中，天皇身上的神圣性或合法性从"镇护国家"的佛教寺院大门中走出来，又走进神秘而悠久的"神道"的神社大门，这是与近代欧洲很不一样的政教关系。

然而，近代中国又不同，如果说，欧洲政治合法性有如"民治"、日本政治合法性还有"神治"，那么，中国政治的合法性则要依赖"德治"。正如前面所说，清末民初中国传统宗教（佛教、道教）并没有影响力（清末民初唯有知识人中的居士佛学有所复兴），康有为等人试图仿照欧洲和日本重新建立的"孔教"也并没有成功（当时即没有成功，后来到"五四"，甚至遭到彻底的批判）。因此，除了初期"驱逐鞑虏，恢复中华"的汉族民族主义支持下的"改朝换代"之外，新建立的共和制国家为了维护"五族共和"，只能抛弃汉族民族主义，转而以"革命""进步""统一""中华民族"之类政治道德口号，来建构和提升自己的合法性。这就导致推翻了大清帝国的新政权，既没有传统宗教资源对合法性的支持（神意），又缺乏现代的民主制度和意识形态（民意）。

特别是，由于上篇中所说的"汤武革命"这一传统的影响，在中国，革命之后的新政权只能依赖"道德""正义""变革"等口号，来切断与"前朝"

的政治与文化联系，因而在支持合法性的政治资源中，中国既没有日本那种由宗教与历史带来的传统神圣性，也没有欧美那种依靠《大宪章》《独立宣言》《人权宣言》等所构建并深入人心的现代民主，倒是通过杂糅了东西方被称为"主义"的理论，论证自己由于符合"德"，故而有"天命"，这就形塑了后来所谓"主义的时代"。换句话说就是，在中国的近现代转型中，政治权力只能依赖各种"主义"，来支持自身的合法性。

附 录

附　录

一　同文同种？还真不一定——读尾藤正英《日本文化的历史》

尾藤正英《日本文化的历史》(『日本文化の歷史』,东京：岩波书店，2000）是一本名著，所以收入"岩波新书"。我看的是2019年的新版，读了一半，才察觉已经有中译本了（彭曦译，南京大学出版社，2010）。可当时人在东京，无法找到中文本，只好继续读日文本。读这部书，学到很多知识，但我个人感受最深的却是它瓦解了所谓中日"同文同种"的观念，这让我越发意识到传统日本和中国真是大不一样。

这是一个中国人熟悉的故事，我在本书正文中也提到过。北宋初，日本禅僧奝然来中国，向宋太宗介绍日本天皇世世相承、大臣代代传袭的历史，也就是现在所谓的"万世一系"。经历过五代混乱的宋太宗听后很感慨。《宋史》说，宋太宗追问各位大臣，为什么中国不能像日本那样"世祚遐久，其臣亦继袭不绝"。

说句不那么学术的话，宋太宗的感慨，也许可以算最早的中日政治文化比较论？不过，尽管宋太宗有这样的理想，可是要让皇帝"万世一系"，在信奉"汤武革命"正当性和为权力争夺而频繁改朝换代的

形似神异：什么是中日传统政治文化的结构性差异

中国，绝对做不到。为什么？原因很多，本书正文已经说到，这里就不再细论。我想其中一个原因，可能既重要也不重要，就是日本的"万世一系"与其家族制度有关。因为日本并不像古代中国，强调在父系制度里，皇位传承很重要的嫡长子继承权——这是王国维当年在《殷商制度论》中就讲过的"中国特色"。所以，日本不至于出现皇位缺乏直系继承人而陷入困境的政治危机，也不至于出现为血缘生父和前任天子究竟谁算"皇考"的伦理麻烦。中国政治史上引人瞩目的"濮议""大礼议"这种事儿如果在日本，绝对不大会变得那么激烈和重要（参看前面正文中关于这一点的详细论述，此处从略）。

尾藤正英在《日本文化的历史》这本书中，为这个问题提供了一些有意思的解释线索。他指出，一般来说，世界上往往不是父系制度就是母系制度，但偏偏日本却是"双系制"。他用来和日本做对比的就是古代中国。传统的汉族政权是典型的父系制度，儒家重视的是"长幼有序，内外有别"。周秦以来，血缘意义上的"姓"很重要，"同姓不婚，异姓不养"，理论上，不仅有嫡长子优先的君主继承制，而且不支持非血缘亲的养子（所以，唐代胡人出身的藩镇重视"养子"，受到后来史家的贬斥），不能容忍武则天那样的"牝鸡司晨"，即女性主政，更不能接受蒙古汗国的那种"收继婚"(即父死娶从母,兄死娶嫂)。这些规矩在中国叫作"伦",但在日本,在天皇家族,可未必那么管用。一方面,日本没有这么严格的内外规矩,早期皇族为了"肥水不流外人田",并不那么讲究"同姓不婚"或者"五服之分"。在729年藤原氏之女光明子(こうみょうし,701~760)成为皇后之前,皇后往往是内亲王(天皇之女)。像桓武天皇的三个儿子(平城、嵯峨、淳和)娶的就是三个内亲王(大宅、高津、高志),即桓武天皇的三个女儿,算起来是兄妹婚。另一方面,中国儒家伦理中那种"长幼有序,内外有别"的规矩,在古代日本并不怎么起作用。女性照样可以当天皇,像推古天皇(554~628,敏达天皇皇后)、皇极天皇(594~661,舒明天皇皇后)、持统天皇(645~703,天武天皇皇后)都是女性,从皇后当天皇,不像中国唯一的女皇武则天,从皇后当了皇帝,就被骂得翻天。而在日本呢?不光这些女天皇,圣武天皇和光明皇后的女儿阿倍内亲王,738年还被立过皇太子呢。

这就是了。我们看日本天皇家族,哪里需要像中国皇帝那样,必须上下整齐一对一?比如称德天皇(718~770)的继承者是光仁天皇(709~782),可光仁天皇是称德天皇的妹夫,但又是天智天皇的孙子。可见古代日本贵族的婚姻对于血缘远近、辈分高低,没有那么避讳。在古代日本国家形成最关键时代主持朝

形似神异：什么是中日传统政治文化的结构性差异

政的那个持统天皇和武则天同时代。她不仅是一个女性，而且可能让中国人特别不能理解的是，她的父亲是天智天皇（626~672），可她却嫁给了天智天皇的弟弟大海人皇子（后来的天武天皇，631~686），等于是她的叔叔。大海人皇子在壬申之乱中打败了大友皇子（即弘文天皇）成为天武天皇，因此她成了皇后。天武天皇在位期间，利用隋唐传来的律令制度，使得古代日本国家日益成熟。686年天武天皇去世之后，她自己当了天皇，继续推进日本的古代国家化。甚至有人认为，就是在天武天皇、持统天皇这个时代，日本才成为"日本"，大王才成为"天皇"，原本的畿内政权才成为日本国家。

这种文化差异怎么来的，这个问题可不好说，解释起来也太复杂。但是，文化传统的差异，真的和人种差异有关吗？中国人和日本人很不同。过去，中国人总喜欢说徐福东渡的故事，倒并不一定真相信有童男童女随同出海成了日本人，其实这里的潜台词，一方面是日本人和中国人"同文同种"，另一方面，换句话说，就是日本人是中国人的子孙。这话在中国，古人也说，近人也说，而且说起来很自豪，很长中国人的脸。不过真是这样吗？尾藤正英却引用埴原和郎（はにはらかずろう）的说法，认为最早的日本人其实有两个来源。先是绳文人（从旧石器到新石器时代），他们是来自现在的东南亚、接近南亚的黄色人种（也算广义的蒙古人种）。到了纪元前三世纪，日本进入弥生时代，而弥生人则是经由北亚和朝鲜来的北方系统蒙古人种，他们传来农业和金属，最初生活在九州北部和山口地区，经由中国、四国进入近畿。弥生人逐渐征服了绳文人，彼此混血，形成后来的日本人。但两者终究还是有差异。他说，北方系的弥生人长脸、身高、单眼皮、细眉毛、干耳屎，南方系的绳文人则是方脸、身矮、双眼皮、浓眉毛，而且是湿耳屎。所以说，认为日本人为单一民族其实是不对的，应当是混血的民族，只是混血的程度，在不同的地方各有不同，像北海道和冲绳，受到弥生人的影响较小，而绳文人留下的特征较强。

显然，日本人未必是徐福子孙，日本文化也未必全来自中国文化。除了来自东南亚的绳文人、来自东北亚的弥生人，当然还有来自秦汉中国的"归化人"，更有来自中古百济的流亡贵族和民众，但是，按照江上波夫（1906~2002）《骑马民族国家：日本古代史研究》(『騎馬民族国家：日本古代史へのアプローチ』，东京：中央公论社，1965）的说法，日本人的来源里面，还曾经有过来自欧亚草原的"骑马民族"呢。也许对于日本史的研究者来说，这些说法已经是老生常谈，不过，至少对我来说还很新鲜。

确实，以前戴季陶《日本论》讲得对，中国人对日本历史文化的了解太少，其实有很多日本史事，在中国人看来就是匪夷所思，因为它超出了中国经验和想象。

二　中世的日本、朝鲜与大明——读田中健夫《中世对外关系史》

田中健夫《中世对外关系史》(『中世対外関係史』,东京：东京大学出版会，1975）出版已经快半个世纪，如今已是日本学界公认的名著。

这部书的第一章讲十四世纪以前的东亚，第二章讲朝贡体系，均是概论性质。但从第三章"与朝鲜的通交关系之成立"起，开始深入讨论东亚中世的外交。他说到，日本与明朝的关系，无论有无正式邦交，都是以朝贡体系作为坐标建立的，但日本与朝鲜之间的关系却复杂得多。为什么呢？他说"日本与明朝的关系，以明朝皇帝与日本国王（室町将军）为唯一主轴(パイプ)，但日本与朝鲜的关系，是朝鲜国王对日本国王（室町将军)，以及朝鲜国王对诸大名，朝鲜国王对各个中小领主、商人的多元的、几十种主轴的联系，在这一舞台上，起着中介和斡旋作用的，是对马岛的藩主宗氏，这是一个很大的特色"。他认为，出现这一现象的原因，是朝鲜与日本通交的最大课题乃是如何禁止倭寇，"无论是外交还是通商，对于朝鲜来说，不过都是在禁止倭寇之下的第二等问题"。他指出，最初朝日通交，是日本的贞治五

形似神异：什么是中日传统政治文化的结构性差异

年（高丽恭愍王十五年，1366）高丽使臣来日本，然而倭寇则是日本的观应元年（高丽忠定王二年，1350）就开始在朝鲜半岛活动的，所以，高丽才会通过使者向日本提出禁止倭寇的要求（此事见于《太平记》卷三九《高丽人来朝事》）。

由于朝鲜要求禁止倭寇骚扰，今川了俊在应安五年（1372）攻陷太宰府、永和元年（1375）征服日本南部之后，就把原来九州地区与朝鲜的通交权掌握在自己手中。他对高丽和后来的朝鲜要求归还被虏人的要求，往往采取妥协和友善的方法，目的是经营九州的对外贸易。所以，在应永元年（1394）、应永二年（1395），朝鲜派遣僧人梵明来日本的时候，日本就先后送还两批朝鲜被虏人，一批是659人，另一批是570人，而朝鲜国王也派遣回礼使崔龙苏，并赠送日本《大藏经》。田中健夫书中引用一封今川了俊给朝鲜的回信，自称"日本国镇西节度使源了俊"，里面有一段话很有趣："谚云：贼是小人，智过君子，彼所计谋之智略，虽云圣贤，或有未及之处。"（《朝鲜王朝实录·太祖实录》卷八，四年七月辛丑条）我不知道这一"谚语"是中国舶来的，还是日本原产的（第101页）。

但是，真正国与国的正式交往，则是朝鲜王朝建立和日本结束分裂之后，李朝太祖李成桂即位（1392），派遣僧觉锤到室町幕府要求禁止倭寇，足利义满让日本有名的禅僧绝海中津撰写答书。答书里说道,"我国将臣,自古无疆外通问之事,以是不克直答来教,仍命释氏某,代书致敬,非慢礼也"。田中健夫认为,这封信表现了日本当时的幕府将军对自己是否要越过天皇直接掌握国家外交权力,还没有非常明确和自觉的意识,所以这封信是以"日本国相国承天禅寺主持沙门某"的名义,致书给"高丽国门下府诸相国阁下"的。后来,足利义满决定不用"国王"名义,与朝鲜、大明打交道,正是出于这一立场,恐怕也是考虑到如何处理日本和朝鲜、明朝之间复杂的对等关系。

在第四章"明朝与朝鲜友好贸易的发展"(「明および朝鮮との通交貿易の展開」)中,田中健夫说,足利义满开始对大明王朝展开正式外交之后的一个半世纪中,文献有记载的共有19次遣明船。虽然中间也有足利义持等继承人对中国态度的变化,但从第一次(建文三年,1401)正使祖阿带领使团前往,到第十九次(嘉靖二十六年,1547)策彦周良率大内船前往(两年后回国),日中尽管没有正式外交关系,但还是始终有往来的。在日本承担这种邦交任务的正使多是禅僧,如坚中圭密(4次出使,1403年、1407年、1408年、1410年)、明室梵亮(1404年)、龙室道渊(1433年)、恕中中誓(1435年)、东洋允澎(1453年,这一次规模较大,

形似神异：什么是中日传统政治文化的结构性差异

同行者有笑云瑞䜣）、天与清启（1468年）、竺芳妙茂（1477年）、了庵桂悟（1511年），然而明朝则主要是政府官员，如赵居任、潘赐、周全渝、王进、雷春等。而且，日本遣明使所乘坐的船只，除少数幕府、大内的船只外，更多的是佛教方面如京都相国寺、天龙寺、三十三间堂的船只。这一点当然是因为禅僧精通典雅的汉文文化，便于日中之间的沟通，但也可以看到佛教在中国与日本政治文化中的地位差异。我很感兴趣的是，田中健夫还开列了明代皇帝给予日本将军的礼物清单，如1451年，给将军的是"白金二百两，妆花绒锦四匹，苎丝二十匹，罗二十匹，纱二十匹、彩绢二十匹"，给将军夫人的是"白金百两，妆花绒锦二匹，苎丝十匹，罗八匹，纱八匹、彩绢十匹"。这些资料在瑞溪周凤的《善邻国宝记》中很详细，倒是可以看到，所谓"朝贡"并非"贸易"，说得好听，算是"厚往薄来"，说得难听，就是天朝要面子，靠了奢华赏赐撑住脸面，邻国要里子，在表面谦卑之下捞个实惠。

这当然是闲话。重要的是，需要记住田中健夫在"结语"中对日本中世外交史的六点概括，这似乎是半个世纪以前日本学界的共识，兹简单记录如下：第一，中世时期，日本在东亚逐渐确定了自己的位置和立场；第二，作为外交权力的行使者，中世日本逐渐通过外交权确立了武家政权的地位;第三,日本的对外贸易,在中世逐渐扩大和发展;第四,外交与贸易作为一种(将军的)特权被固定化,但也随着国内势力的变迁而有所移动;第五,日本中世对外关系的动向,常常也成为国内政治和经济变化的契机;第六,与外国的交流以及典籍的流入,促进了中世日本文化的丰富与发展。

值得注意的是,随着新理论、新方法和新史料的影响,以及最近日本有关中世外交史研究的问题意识和政治背景之变化,似乎近年来日本学界有的说法已经开始改变,这需要更多参考近年的新著作。

三 传统东亚邦交中的"名"与"器"——读周一良译新井白石《折焚柴记》

周一良先生曾花了不少时间,翻译日本新井白石(1657~1725)的这部《折焚柴记》(北京大学出版社,1998),周先生的日文极好,我虽然没有亲耳听到,但曾经听日本著名学者谷川道雄(1925~2013)说起,周先生的日语很典雅很标准。我的感觉,有点儿像天皇一家子人说话的方式?我曾经听过几次电视上天皇对民众致辞,柔软而从容,也许这就叫"玉音"?

我重读这本书的时候,正好对朝鲜通信使文献特别感兴趣。于是,就从书中摘录了好些新井白石关于朝鲜通信使的资料。1682年,新井白石25岁,第一次与朝鲜使团的通译官成琬、书记官季聃龄、裨将洪世泰等见面(第49页),那时他还年轻。1711年,新井白石正式奉命主持接待朝鲜通信使团。原本这一职责,向来都由林家大学头也就是林罗山(1583~1657)及其后人担任,但是这时却因为将军德川家宣的高度信任,改由新井白石负责。

在接待朝鲜使团的时候,新井对于宽永年间(1624~1643)把对朝鲜国书署名改称"日本国大君"(镰仓幕府以来,朝鲜国书中是把日本执政的将军称为"日本国王"的）相当不满，认为是"文过饰非，不顾国家耻辱"（第109页）。而新井白石认定这一错误来自林罗山。他认为，"自从镰仓幕府以来，外国人称我国天子为日本天皇，称将军为日本国王。然至宽永时，［我国］命其称日本国大君，以后遂成定例"（第103页）。可是他很不满，为什么？因为一方面"大君"也是朝鲜国王授给臣子的称号，接受这一称呼有"受彼国官职之嫌"，是日本在自我贬低（第104页）；另一方面"大君"在中国文献中是天子异称，容易与天皇混淆，所以他认为应当仍然称"日本国王"，这样才与"天皇"称号匹配，显示出日本天皇与中国皇帝对等，日本国王与朝鲜国王对等。按照他的说法，这是"公家方面系以'天'字，称日本天皇；武家方面系以'国'字，称日本国王。有如天之与地，自然不可易其位"。据新井白石说，朝鲜方面对此并没有异议（第104页），这让我觉得很奇怪。

此外，在日朝两国交聘的礼仪方面，新井白石也非常强调，要合乎古礼和坚持双方对等的原则。比如，招待使团的菜肴数量要对等，不能日本单方面过于丰盛，这不仅是因为"沿途诸国，劳费难计"，而且也是礼仪上的对等，因为"我朝廷敕使待遇，亦无此例"（第105页）。他质问道，朝鲜使团到达江户，过去总是日本执政也就是"老中"前去客馆慰劳，但是，"我国使臣到彼邦时，并无执政到我国客馆之例，为何我国执政慰劳彼使？"（第105页）在这方面，也表现了新井白石的国家自尊意识之强烈。

这种自尊意识也表现在文书用字上。据新井白石记载，朝鲜使者曾经为日本国书中有犯讳（七世祖"怿"字），要求修改国书，他很不以为然，说"五世不讳，古之礼也"（这是《礼记·檀弓》中的话）。如果说犯讳，那么，朝鲜国书也犯了德川家光的"光"字，于是他坚持拒绝朝鲜使节的要求。他说，因为"彼使起初所争，皆属繁文缛节，不足深论，唯要求避其国讳一事，关系最大，我曾慎重考虑，誓死不改原议"。后来，还是在将军调停之下，双方才各自妥协，都修改避讳，才解决这一危机（第106页）。

在称谓、礼仪、避讳之外，在日本与朝鲜的邦交中，对服饰的象征性也很重视。此书中记载，新井奉命前往川崎驿迎接朝鲜聘使，非常注意合适的服饰。他觉得在川崎驿的会见，"乃古代所谓草野之会，因而不宜用在江户所着服饰"。这不单是日方注意的事，朝鲜使者也曾询问陪同的对马守，来的日本官员是什么等级，应当穿什么服饰："今晚来客用何冠服，以便我等参照考虑。"由于不是正式会见，新井白石只是穿着"武家常服"，只不过考虑到使臣可能出门迎接,所以,在肩舆中准备了鞋子,"果然抵馆门时,见所谓上上官等出迎,即取鞋着而入门"。

对于东亚诸国来说,这些看似细节的象征性很重要,这就是所谓必也正名乎,或者名与器不可以假人。新井白石说得郑重,"凡此等事,或关系国体,或关系武家旧例,不辨此者,不足与之议论矣"(第112页)。

四　作为思想史的政治伦理问题——读丸山真男《忠诚与反叛》

这些年，我读了好几遍丸山真男《忠诚与反叛》，都是筑摩书房出版的さくま学艺文库本，这回为了写这篇有关传统中日政治文化比较的论文，在东京再次读了一下，觉得还是很有收获。

当然，这部书最重要的还是第一篇，也就是用作全书书名的长文《忠诚与反叛》。所谓"忠诚"与"反叛"，讨论的是日本历史上复杂的政治伦理，有兴趣的人不妨自己去读，三言两语不能完整概括它的精义。只谈一点我的感受吧，我曾经反复说，古代日本不像中国，传统中国有儒家学说作底色，它用君臣、父子、夫妇所谓"三纲"，把政治伦理和社会伦理整理得一清二楚。在政治上，特别是君臣这一伦，君臣有如父子，是天经地义的上下关系，"君要臣死，臣不得不死"，臣下谋反，就是十恶不赦的大逆，这在唐律以下的传统法律中规定得明明白白。可是，日本却不一样，按照丸山真男的说法，日本的"封建忠诚"很复杂，它是由两种不一致的历史谱系合成的。一个是"自然而然"的，基于非理性的主从誓约，并未经过理智选择的团结，表现为地方性的藩主与藩士，有点儿类似"主仆"关系；一个是"以义而合"的政治关系，这是自觉的意识形态和政治伦理，常常通过对将军或天皇的关系，以及政治伦理和政治策略表现出来，这就像"君臣"。丸山真男说，假如只有第一个，"那么忠诚与反叛，就不会从具体的人格性关系被抽象为政治原理问题"；可是如果只有第二个，"天下为公、君臣之别等客观规范，就只能止步于自上或自外灌输的说教"，从而流于形式，"成为空洞的口号"。我觉得这一分析相当重要，再深入下去，恐怕就要考虑古代中日政治与社会的结构性差异。古代中国自从秦汉以来，是皇权直接渗透到基层社会的郡县制，"溥天之下，莫非王土；率土之滨，莫非王臣"。而古代日本呢？就像我前面说的，是"（朝廷与幕府）双重体制"及"（天皇—将军—地方大名）重层结构"，作为神圣象征的天皇、作为实际权力的将军、作为直接主从关系的地方大名，分享着臣下或民众的"忠诚"。传统中国和日本的不同，就在于从封建制转为郡县制，特别是唐宋变革、贵族失落之后，原本还有的、分散的依附式主从关系（贵族及其部曲、仆从，当然还有地方性的宗族关系），统统转化为制度性的君民关系，不再有自然而然的感情联系，只剩下制度、赋税、法律规定下冷冰冰的身份联系。因此它的忠诚与反叛，就只是后

形似神异：什么是中日传统政治文化的结构性差异

一种，即通过"自外"或"自上"灌输的、流于形式和口号的伦理。

因此，江户时代的一些日本学者总觉得，日本式的"封建"保留了"家人父子"之意，而中国式的"郡县"则完全失去了血缘和乡土的情感。不过，明治维新以后，由于"撤藩置县"和"大政奉还"，把一切神圣和权力集中在天皇与帝国身上，实现了"封建制"向"郡县制"的转化，结果历史遗留下来的各种忠诚与反叛的准则发生了混乱，所以丸山真男指出，明治维新时期的激烈变化，"忠诚与反叛在人格内部引起的紧张和冲突这一点上，亦达到了日本历史上从未有过的规模与高度"。幕藩体制的名分和朝廷的名分，亲藩、外样等各种势力的内部，"多元忠诚间的相克不断升级"。

这个论述相当重要，也对理解传统中国政治伦理很有用。不过，在这本书的论述中，还有不少精彩的点值得一记。比如，他引用明治时代植木枝盛《论人民对国家的精神》(『愛国新誌』13～16号，明治十三年十一月十二至十五日)，这篇文章提出，从传统到近代所谓"忠诚"应该由三个阶段的转变：过去人民心目中只有君，没有国，也没有自己，这是第一阶段；所以，他认为改变的开始，就是有了"国"，忠君变成爱国，所谓服从君主，转为服从国法，这是第二阶段；等到人民精神主题中有了人民，就从国家意识中再分化出政府意识和国民意识，这就是第三阶段。我觉得，这种"忠诚"对象的分化，似乎中国至今没有完成。又比如，他指出所谓"革命"，在本质上是社会性的，所以有一定的历史方向性。而"反叛"或者"抵抗"，只是自我有意识地远离既有集团或者原理，以及持续与之保持距离的行为，在不同条件下，它的方向是形形色色的（大意）。这里区分了革命和反叛，我想，很大程度上，古代所谓农民起义，大概只是"反叛"而不是"革命"。

最近，这本名著已经有了新译本《忠诚与反叛：日本转型期的精神史状况》（路平译，上海文艺出版社，2021），而长期翻译和研究丸山真男的区建英教授给我写信说，她们另外翻译了一版，不久会在台湾出版。

五　从古琉球史说起：国境内外与海洋亚洲——读村井章介《古琉球：海洋亚洲的辉煌王国》[*]

我从来没有去过琉球，其实，也没有资格谈论琉球史。虽然我曾经发了好几次愿，要去看看那个传奇的地方，但一直不曾如愿。对于琉球的历史与文化，过去我非常陌生。大概十几年前，京都大学的夫马进教授曾经送给我一册《使琉球录解题及其研究》（『使琉球録解題及び研究』），为此，我还特意借来中国第一历史档案馆编《中琉历史关系档案》和《清代中琉关系档案七编》浏览[①]，但始终只是好奇，根本算不上研究。一直到近几年，在复旦大学被迫赶鸭子上架给博士生们开课，讲"亚洲或东亚史研究的方法"，这才开始认真翻阅有关琉球的中文文献和研究论著。因为这门课上有一讲，就是"《历代宝案》以及明清有关琉球的文献"。

---

[*] 这篇书评曾经发表在《古今论衡》（台北）第 34 期（2020 年 6 月）。
[①] 夫马进『使琉球録解題及び研究』（冲绳：榕树书林，1999）；中国第一历史档案馆编《中琉历史关系档案》，中国档案出版社，2009；《清代中琉关系档案七编》，中国档案出版社，2009。

附 录

可是，当我讲到琉球的历史与文献的时候，无论是我这个讲课的老师，还是听课的学生，似乎都在一种不自觉的意识中，那就是我们现在讲的琉球，是一个"外国"，琉球历史是"外国史"，而我们介绍的明清有关琉球的文献，也可以归类为"中外交通史文献"[1]。我想，这也许是因为我们的历史叙述，已经习惯了遵从现代国家的主权范围，并由此倒推历史上的疆域。毕竟琉球早已经归属日本管辖，至于是以1609年萨摩入侵之后琉球作为起点，还是1870年代以后琉球才逐渐由日本管辖，这当然还可以讨论。但

---

[1] 我查阅了有关琉球史的中国（大陆）研究论著，注意到这些论著大都偏重两个话题：一个是由于钓鱼岛问题，涉及琉球的研究；另一个就是"中琉关系史"，即明清中国与琉球的交通史。值得注意的几个重要现象是：中国（大陆）改革开放之后编纂的第一部涉及琉球的论著，是1986年福建师范学院历史系中外关系史教研室油印的《中琉关系史论文集》；中国学者谢必震的《中国与琉球》（厦门大学出版社，1996），是第一部有关琉球的专著，内容也是中琉关系史；中国（大陆）学者参加的中琉历史关系学术讨论会，从1986年在台北召开第一届以来，已经连续举办了十五届，因而中国（大陆）学界涉及琉球的研究，绝大部分属于"中外关系史"或"海交史"领域，讨论的主要话题是明清与琉球的宗藩关系，即朝贡或册封、琉球朝贡使节与福州琉球馆、中琉贸易、琉球的华人或"闽人三十六姓"。可以参看赖正维、李郭俊浩《回顾与展望：中琉关系史研究30年》的介绍，载《中国边疆史地研究》2017年第1期，第55页以下。

165

形似神异：什么是中日传统政治文化的结构性差异

是，现代中国学界在回溯琉球历史的时候，虽然对琉球从"（中日）两属"转向"（日本）属地"的历史总是感到愤懑，但在一般历史论述中，仍然习惯地把琉球史看作"日本的地方史"①。琉球是"日本的地方史"吗？也许，有的学者会这样看。但东京大学名誉教授村井章介却不那么看。我在阅读他 2019 年出版的《古琉球：海洋亚洲的辉煌王国》（『古琉球：海洋アジアの輝ける王国』，"角川选书"616，东京：角川书店，2019）一书时，首先注意到的就是他对古琉球"作为日本地方史"的不同看法。

如果古琉球不是"日本的地方史"，那么，它应当是什么呢？

1

在"序论：从古琉球到世界史"（「序論：従古琉球到世界史」）中，村井章介引用冲绳史开创者伊波普猷

---

① 关于琉球从独立王国逐渐由日本管辖的过程与评价，日本学界的论述非常多。近几年来，中国学界的论述中，宏观和长时段的叙述，可以参见陈多友、邓宇阳《冲绳抑或琉球？——从日人叙述看琉球的历史定位》，《开放时代》2016 年第 4 期；关于琉球归属日本的关键时期即 1609 年萨摩人侵琉球一事，可以参看陈小法《琉球"己酉倭乱"与明代东亚局势推演之研究——兼论琉球的历史归属》，《浙江社会科学》2015 年第 11 期。

（いはふゆう）《古琉球》(『古琉球』，冲绳：冲绳公论社，1911年出版，有河上肇的跋语）一书的观点，指出在1609年（日本庆长十四年，明朝万历三十七年）之前，也就是萨摩岛津氏征服之前的琉球，实际上在日本的疆域之外。正如伊波普猷讨论古琉球史时，特意避免用"日本"这个词一样，我注意到，村井章介在讨论古琉球历史的时候，也经常不用"日本"而用"ヤマト（大和、倭）"这个词，来指代那个时代琉球之外的日本（第10页），避免把现代日本带入古代历史。因为那时的琉球，正在逐渐形成独立的王国，并且加入以中国为中心的，由日本、朝鲜、安南、暹罗等国共同组成的国际社会。在当时，它的地理位置相当重要，不仅是东亚和东南亚海上贸易的连接点，而且距离中国、朝鲜和日本较早文明化的国家都不远（第10~11页）。

在这部书中，村井章介一再强调，那个时代的日本并不是现代的日本。他用"日本的疆域不是自明的"作为一节的标题，特别指出，历史学家绝不可以把现在从北海道到冲绳的日本，当作天经地义或者自古以来的日本。他以北方、西方和西南方三个例子来讨论这一点。他说，北海道地区过去只有渡岛半岛南部（今北海道西南部），曾有大名松前氏对那块叫作"和人地"的地方有直接统治，其他的像桦太岛（库

形似神异：什么是中日传统政治文化的结构性差异

页岛）、千岛群岛，都只是"虾夷地"（无主之地），直到1799年，才发生"幕领化"的转变。而西面海上的对马岛，虽然曾在釜山设立"倭馆"，承担了日本与朝鲜的外交、贸易事务，对马岛的以酊庵也与京都五山僧人联络，取得日本与朝鲜的外交文书，然而，中世的对马岛各种势力，也曾经从朝鲜国王那里接受各种官职，接受朝鲜批准盖章的贸易许可，甚至1419年朝鲜国王也说"对马为岛，本我国之地"①，那么，那时的对马究竟可不可以算是"日本国内"呢？至于西南的琉球群岛，过去曾是独立的王国，直到1609年被萨摩岛津氏征服，割取了奄美群岛，在冲绳本岛派遣了萨摩的"琉球在番奉行"，监视琉球国政，也在琉球推行萨摩的土地制度和税收制度，才逐渐地纳入所谓"日本"（第14页）。但即便如此，在江户时代大部分时间里仍然默许琉球保留着与明清王朝的册封-朝贡关系，使得琉球形成"两属"状态。直到近世以来，这种勉强可以叫作"日本近世国家中的'异国'"的边缘地区②，广义上可以称为"外

---

① 《朝鲜王朝实录·世宗》卷四，世宗元年六月九日，页十四 B。
② 在此书第五章第四节"琉球为中心的国际秩序"中，村井章介把1609年以后的琉球，定义为"幕藩体制中的'异国'"（第396页）。

交"的羁縻关系，才逐渐被整合和归并。原本由三个藩（松前、对马、萨摩）分别控制的北海道、对马岛和琉球，在"废藩置县"形成中央集权的现代国家里，在传统疆域转化成现代领土的过程中，不得不改变其归属性质，从而成为现代国家意义上的日本"领土"。

其实道理很简单。因为现代国家与传统帝国不同，现代国家基本上不允许有"差异"的"无主之地/化外之地"，它努力进行政治、经济和文化上的统合（national integration），并追求国家内部的"同一性"。用一个制度管理一个国家，这才逐渐形成了和传统时期不一样的、属于现代日本的"内"与"外"。所以，村井章介在这部书中，把古琉球史看作"区域史"而不是"日本史"，对它进行"世界史"而不是"本国史"的研究。他引用高良仓吉的名著《琉球的时代》（『琉球の時代』，东京：筑摩书房，1986、2012，第300页）"结语"指出，因为在"地域史"的研究中，可以使琉球史摆脱作为国别史的日本史之"地方史"身份，与亚洲史（或亚洲海洋史）、世界史产生关联（第19页）。

这就是区域史的意义。很多人表面上谈的是历史，实际上偏偏忽略的是历史。对于"疆域/领土"，这些人会不假思索地按现代国家的领土，倒溯传统帝国的疆域，并且想当然地认为，那些地方"自古以来"就应该在这个国家之内,那些地方的历史"天经地义"属于这个国家的历史。同时,因为执着于"自古以来",往往忽略历史变化的过程,把这些地方不同时期的归属,看成永恒不变的"天经地义"。我在《历史中国的内与外:有关"中国"与"周边"概念的再澄清》中,之所以要专门用两章,讨论某些华夏边缘区域,就是要用历史上疆域"移动"的观念,破除这种习以为常的"自古以来"看法①。

可惜,这种无视历史过程的看法,至今在中国(以及日本)仍然很顽强。前几年,我曾经拜读过村井章介教授另一本书《疆界的日本史》(『境界の日本史』,东京:敬文舍,2014),我大概能够了解,他关于国家、疆域和领土,也和我一样同样抱持历史主义的观念。这次看到他的这本《古琉球:海洋亚洲的辉煌王国》,更证实了我的这一印象。

2

前面提到,我在"亚洲/东亚史研究的方法"课

---

① 葛兆光:《历史中国的内与外:有关"中国"与"周边"概念的再澄清》(香港:香港中文大学出版社,2017)。我刚刚注意到,村井章介早在1997年就出版过『中世日本の内と外』,后来收入"ちくま学芸文库"(东京:筑摩书房,2013)。

上，曾经有一讲专门讨论《历代宝案》和明清中国有关琉球的史料。虽然中国大陆学界（首先当然是台湾学界，因为《历代宝案》原本已经被毁，而现在学界依据的钞本正保留在台湾①）也开始注意到《历代宝案》这类琉球史料，但我的印象是，在琉球历史的研究中，中国学界仍然是比较偏重明清中国一侧的文献，而对来自琉球以及中国之外的资料关注不够。可是，如果你明确地意识到，琉球乃是环东海的中国、日本、朝鲜，以及环南海的暹罗、安南、爪哇、满刺加环抱中的海上岛国，它的政治、经济和文化，并非仅仅与中国发生关系，那么，你更应当注意，有关琉球的历史研究，不能不扩大史料的范围，当年傅斯年所谓上穷碧落下黄泉，动手动脚找东西，其实也包含了这层意思。

我是琉球史的外行，平时接触琉球史料并不多。不过，读村井章介《古琉球：海洋亚洲的辉煌王国》一书，觉得非常受刺激的是，原来，古琉球历史有这么丰富的资料，而且它们来自四面八方。

有关古琉球史，仅仅是琉球自身的资料，村井章介就谈到了六类。除了众所周知、篇幅宏富的《历代宝案》之外，他还介绍了如『おもろさうし』（通

---

① 如1955年，赖永祥就发表过《一部中琉关系史料——〈历代宝案〉》，载《大陆杂志》（台北）第10卷第12期，第13~17页。

常译为《思草纸》，原本 22 卷，收录 1554 首诗歌），这是从 1531 年开始编纂的歌谣集，据说大多数歌词可以追溯到古琉球时代，内容涉及历史人物，奄美大岛的征伐，岛津的侵略，唐（中国）、南蛮的贸易，神女传说，等等；他也介绍了辞令书即国王颁发的文书，据说 1520 年以下，留存 61 通，其中 31 通与冲绳有关系，29 通与奄美有关系，1 通与先岛有关系；此外还有古碑文，村井书中指出，古琉球时期大概有 20 通，其中 1497 年以前的有 13 通，大多是汉字；还有所谓正史。近世琉球王府曾四次编纂历史书，包括 1650 年羽地朝秀（はねじ ちょうしゆう）编的和文体『中山世鑑』，1701 年蔡铎的汉译本《中山世谱》，1724 年根据蔡铎本增补的蔡温本《中山世谱》（主要内容为以国王为中心的政治史），以及 1745 年郑秉哲等汉文本《球阳》（偏重地理与社会），等等。最后，村井章介还指出史料中还有家谱。据说在 1689 年，琉球王府就提出以士族为对象编纂家谱，后来陆续编出不少，其中包括首里、久米、那霸、泊四大系，村井章介考证琉球与南海诸国通商时，担任通事即翻译角色的华人的史料，就来自这些家谱。

这些史料都很重要。以琉歌集《思草纸》为例。我猜想，中国有关琉球史的研究中，使用《思草纸》的也许不多。其实，就像研究中国早期历史需要了解先秦时代的《诗经》一样，研究琉球早期历史，也不能不依赖《思草纸》。这部1531年开始由官方编纂、收录了1554首诗歌的文献，按照村井章介的说法，它一方面呈现了琉球国家文化的文字化，另一方面保存了古琉球的历史记忆。尽管在1709年首里火灾中，此书不幸被烧毁，但是，好在火灾之前编纂的琉球古语辞书《混效验集》（1711年完成）和《女官御双纸》（1706年完成）里保存了《思草纸》的大部分文本（大约1248~1249首）。正如村井章介所说，由于琉球并没有1710年以前连续的社会记录，这一复原的文本，就非常值得一首一首地阅读和体验，"毫无疑问，《思草纸》是呈现古琉球的社会与国家，以及地方文化的根基史料"（第267页）。

然而，作为孤悬于海洋之中的岛国，古琉球更多的史料来自它的周边。村井章介在讨论古琉球史的时候，就大量引述了日本、朝鲜和中国的有关记载。村井章介不仅引用了中国学者熟悉的《日本书纪》《续日本纪》《唐大和上东征传》，也引用了中国学者未必了解的日本各种古地图、各种考古发掘（如福冈太宰府遗迹出土的木简、奄美大岛的城久遗迹群、十一世纪德之岛のカムィヤキ古陶瓷窑遗迹），以及中国学者可能更陌生的《运步色叶集》《大馆记》《琉球国王辞令书（田名家文书）》《漂到琉球国记》

形似神异：什么是中日传统政治文化的结构性差异

《千灶文书》《岛津家文书》《萨藩旧记杂录前编》《种子岛家谱》等。正是这些涉及"南岛之奄美、掖玖、度感、信觉、球美"的日本文献，细致地勾勒出古琉球史的轮廓。同时，村井章介也引用了来自李氏朝鲜的各种史料，由于朝鲜半岛与琉球有海上交通，包括官方往来、漂流人救援与商船贸易等①，所以朝鲜史料中往往有关于琉球的记载，特别是在《朝鲜王朝实录》中，数量还不少。当然，他也广泛地引用了明清中国的史料，包括中国学界已经很熟悉的各种"使琉球录"，以及明清两代有关海上知识的文献，比如"外国人所见之首里城"一节中，他就引用了郑若曾《琉球图说》，这当然已经是琉球史研究的常识。

其中，给我印象最深的，是书中对两种史料的引述和分析。其中，一种是《朝鲜王朝实录》关于漂流到琉球的朝鲜人的记述。尽管现在这些资料，已经有池谷望子、内田晶子、高濑恭子编译的《朝鲜王

---

① 琉球与朝鲜的交往，不仅有漂流人救援、海上贸易，也有官方往来。村井章介提到，1455年，琉球国王曾经派一个博多商人道安为使者，渡海到朝鲜，请求赐予《大藏经》。不过，道安是否得到朝鲜的《大藏经》，史无记载，倒是1457年日本国的使者全密，给了琉球国《大藏经》，这在1458年琉球国王的咨文中有记载。不过，朝鲜文献中，也曾经记载琉球国王的使者叫"吾罗沙也文"（五郎左卫门），那时的朝鲜，往往也把琉球当作"倭"。

174

朝实录琉球史料集成·译注编》(『朝鮮王朝実録琉球史料集成 訳注篇』,冲绳:榕树书林,2005),但村井章介还是特别引用了十五世纪五十至七十年代的六份朝鲜漂流者的叙述①,并从这些叙述中分析了琉球的国家体制形成初期的"国制与军事""社会与习俗""济州和与那国、琉球、盐浦""目击的先岛社会"。这种来自周边的观察,使得这些历史叙述相当可信。而更引起我注意的,还有另外一种史料,也就是来自萨摩藩岛津氏的各种文书与档案,由于萨摩藩的岛津家与古琉球之间的密切关系,这些文献极其重要,它提供了很多有关古琉球史的细节。然而,村井章介却赞成黑嶋敏的观点,也就是"通过彻底批判岛津一侧的史料,克服琉球作为属国是历史必然的岛津史观,明确琉球的主体性"(第340~341页)。

广泛收集来自四面八方的史料,又对这些史料抱持怀疑与批判,这正是历史学家的本色和立场。

① 这些漂流者包括:1450年万年、丁录等四人(卧蛇岛,后至首里王宫);1456年朝鲜水军梁成等十人(久米岛);1461年肖得诚等八人(宫古岛);1462年普须古等对宣慰使李继孙叙述琉球风俗;1477年济州人金非衣等(与那国岛,后经西表岛、宫古岛、冲绳,1479年借尚德王使者之名,与博多商人新伊四郎为伴回国);1442年济州人朴孙等12人(漂到琉球,经中国北京,跟随1446年冬至使金伯淳回国)。后由听了他们叙述后的柳大容撰成《琉球国风土记》,其梗概载于鱼叔权《稗官杂记》。

形似神异：什么是中日传统政治文化的结构性差异

3

在十七世纪之前，古琉球并不属于大和（ヤマト），也不属于大明，只是他们自己的"圣地"（村井章介在书中，有时特意用グスク来代表古代冲绳，グスク即冲绳语的"圣地""山城""花城"）。

就像琉球著名的万国津梁钟（1458）铭文说的那样，"琉球国者，南海胜地也，而钟三韩之秀，以大明为辅车，以日域为唇齿，在此二中间涌出之蓬莱岛也。以舟楫为万国之津梁，异产至宝，充满十方刹，地灵人物，远扇和夏之仁风"。古琉球是在朝鲜（三韩）、中国（大明）、日域（日本）之间，作为"万国之津梁"的蓬莱岛。应当说，在相当长的一段时间里，它是沟通整个亚洲东部海域的中心，由于特别的地理位置，它也曾经是联结东海（东北亚）和南海（东南亚）的枢纽。

阅读《古琉球：海洋亚洲的辉煌王国》一书，对这一点很有感触。无论是中国学界、日本学界还是韩国学界，过去使用的"东亚（东アジア）"一词，似乎往往偏重东北亚，也就是中日韩。可是，我们应该看到，在蒙古世界帝国逐渐退出东亚的十四世纪下半叶之后，也就是中国的明清王朝、日本的足利和德川时代，以及朝鲜的李朝时代，整个东海和

附 录

南海——我想称之为"东部亚洲海域",以便与一般所谓"东亚海域"有所区分——由于繁荣的海上贸易,已经形成一个完足的历史世界。从长崎到宁波,从济州到琉球,从泉州到满剌加,从爪哇到广州,从旧港到五岛,如果我们看现存的各种海上交通文献(如中国佚名著作《顺风相送》等①)和古代地图(如英国所藏的《塞尔登地图》等②),我们就知道,在东海、南海上航行的各种商船,已经把东部亚洲海域连成了一片。

而古琉球在这一时期内,正充当了这个被称为

---

① 《顺风相送》中提及当时的海上航线。南海方面,包括灵山往爪哇(爪哇回灵山)、爪哇到满剌加、福建往交趾、福建往柬埔寨、福建往暹罗、广东往麻六甲、福建往爪哇、赤坎往柬埔寨、暹罗往满剌加、万丹往池汶、松浦往吕宋、泉州往勃泥,甚至古里往祖法儿等;东海方面,则有琉球往日本、兵库往琉球、琉球往福建、厦门往长崎、暹罗往长崎等。参看《两种海道针经》(中华书局,1959)卷首向达序文。

② 《塞尔登地图》中标志出来的六条航线是:(1)泉州到日本九州外海的五岛列岛;(2)经过琉球到日本的兵库;(3)泉州到王城(马尼拉);(4)泉州到爪哇即今印尼;(5)沿越南海岸线绕道向西北到今泰国曼谷南部;(6)绕过马六甲海峡,沿着马来半岛与苏门答腊岛之间,向西方到印度古里。参看卜正民(Timothy Brook):*Mr. Selden's Map of China: The Spice Trade, a lost Chart and the South China Sea*, Bloomsbury Press, 2013;中文本:《塞尔登先生的中国地图——香料贸易、佚失的海图与南中国海》,台北:联经出版公司,2015。

形似神异：什么是中日传统政治文化的结构性差异

"大交易时代"的中心①，大概从十五世纪到十七世纪，差不多有两百年之久。我们从《历代宝案》中收录的文献中就可以看到，它的第一集四十九本主要就是十五世纪至十七世纪琉球与明清中国及其周边，如朝鲜、暹罗（今泰国）、满剌加（今马来西亚马六甲）、三佛齐（今印尼苏门答腊）、爪哇（今印尼爪哇）等国的外交与贸易往来文书。一直到十七世纪初，琉球被萨摩征服，官方文书的重心才集中到日本与琉球交往上来。比如，村井章介书中提到的，《历代宝案》中有1425年（洪熙元年）琉球国王给暹罗国的文书，内容是关照使者浮那姑所乘坐的仁字号海船，载瓷器去贸易，这些瓷器也许就来自中国？然后回货呢？则是从暹罗购买胡椒和苏木，用途是"以备进贡大明御前"。而用来疏通对手国、让当地允许贸易的礼物，则是可能产自不同地方的丝绸、腰刀、纸

---

① 这一看法，大概在日本是共识。如岸本美绪和宫岛博史合著『明清と李朝の時代』（"世界的历史"第12种，东京：中央公论社，1998）就指出，自从明初"片板不准下海"的禁令以来，十五世纪以后的琉球就是联结东南亚与东北亚海域的中心。他们的结论是，"在中国商人海外贸易受阻的时代，从中国大量进口中国商品的琉球商人，占据了东亚和东南亚海域交流的主要地位"，"如果把琉球看作这个时代东亚和东南亚海域东方的'结节'，这个区域向西方的印度洋和南海联结的'结节'则是马剌加"。见该书第68页。

扇、硫黄、瓷器。此外，村井章介书中也提到，《历代宝案》中有1467年（成化三年）琉球国王给满刺加国王的文书，尽管文字是汉文，甚至还引用《大学》掉了书袋，但内容却是有关琉球与满刺加的贸易，其中特别提到琉球船组成的人员包括了使臣、通事和头目，可以知道，这也许就是琉球官方支持下的南海商船贸易。

十五世纪到十七世纪的琉球，在东海、南海贸易中获利相当丰厚。据学者介绍，从中国经过琉球销往日本、满刺加、爪哇、旧港、勃泥的丝绸和瓷器，可以使琉球成倍甚至三四倍获利，而从南海诸国运回琉球再销往中国的苏木和胡椒，则获利十倍甚至二十倍[1]。顺便可以提及的是，在这种沟通整个东部亚洲海域的贸易活动中，琉球的华人也相当活跃，并且充当了中介的角色。在村井章介另一著作《与中世史料的对话》(『中世史料との対話』，东京：吉川弘文馆，2014）中，他通过琉球保存的华人家谱与官方的《历代宝案》一一对照，详细地列出担任琉球往南海通事（翻译）一职的，有很多就是久米村的华人士族，如红氏家族的红英、红锦、红瑞，蔡氏家族的蔡回

---

[1] 参看郑国珍《中琉历史商贸交往在"海上丝绸之路"中的地位与作用》，载《海交史研究》1996年第2期，第52~59页。

保、蔡樟、蔡迪，梁氏家族的梁复、梁德伸、梁袖，等等。可见，琉球华人就像泉州和广州的华人一样，不仅负责沟通中国、日本和琉球，而且曾经穿梭往来，作为琉球与暹罗、爪哇、佛大泥、满剌加、旧港贸易事业中的媒介。

在这里我想特别说到，我总是希望：第一，改变仅仅以中国为中心的历史研究传统；第二，淡化中国学界以距离（中国）远近作为历史关注程度的习惯；第三，尽量打破东海海域和南海海域之间的障碍。其实，在狭长的东海和南海之间，哪里有一道分割线呢？过去，由于中国学界常常偏重汉文史料，也更注重东北亚，也就是以同样使用汉字的中日韩为中心的东海海域（偶尔也会兼及同样有汉文史料的越南），所以，焦点始终过多聚集在所谓"汉字文化圈"，对于东南亚历史的研究，往往并不太关注和用力。除了所谓海上丝绸之路研究领域之外，对蒙元时代以后，也就是十四世纪以降的南海，包括吕宋、三佛齐、爪哇、暹罗、真腊、占城、满剌加，中国学界究竟有多少深入的研究[①]？

---

① 有关这一点，最近我很高兴地看到，另一位中国近代史学者茅海建也对此有批评和呼吁，见《茅海建：论清代宗藩关系》，"澎湃·上海书评"，2019 年 12 月 17~18 日。

附 录

然而,琉球恰恰就是沟通东海和南海的枢纽。如果从琉球向北向西再向南画一个半径2000公里的扇面,它就仿佛是扇柄上的那个轴,和日本的九州岛、中国沿海、济州岛及朝鲜半岛、菲律宾吕宋岛等几个区域,海上距离相差不远,如果再远一点,还可以经过南海到达旧港(今印尼苏门答腊)、爪哇、池汶(今东帝汶)。所以,村井章介在这部书中特意提出了一个概念,叫作"以琉球为中心的国际秩序"。因为在东海、南海的贸易中,琉球官方奉行"四海一家,两平交易",正是在他们的沟通下,以琉球为中心,东部亚洲的各国互通有无,形成一个商品流通的世界。

4

可能还需要破除一个学者习以为常的固执观念。有的中国学者会以为,琉球一直深受中国文化影响[1],而有的日本学者呢?对于琉球文化的缘起,也

---

[1] 村井章介指出,根据1713年成书的《琉球国由来记》卷一〇《诸寺旧记》的记载,中国佛教初传琉球,是南宋咸淳年间(1265~1274)的禅鉴禅师"乘一苇轻舟,飘然至小那霸津",英祖王引为知己,在浦添城西建立寺院,号"补陀落山极乐寺"。但是,他或说是朝鲜人,或说为扶桑人,出身并不清楚。到了明代中国文化大规模传入,传说

形似神异：什么是中日传统政治文化的结构性差异

有人持"奄美文化起源"说。这也许恰恰是佛经所说的盲人摸象，各执一端。我所看到中国方面的研究，就有把琉球也归入"汉字文化圈"的。表面看来似乎没错，确实琉球在明代即向中国入贡，其朝贡的次数甚至排在第一位①；首里的王府确实也像中式建筑；琉球也有"闽人三十六姓"；而且琉球官方文书、很多碑文、很多匾额也都是汉文的。不过，这种看法也许是一种误会。正如村井章介此书所说，琉球应当是"和/琉/汉的文化复合"。

证据很多，除了前面曾经提到的《思草纸》之外。村井章介书中还提到，从1427年以后到十七世纪初，尽管压倒性的石刻文献都是汉文，但琉球碑文文化也"并不是中国的单纯复制"（第268页）。他举例说，有的古琉球碑文，汉文之外还往往有かな

有明朝皇帝赐给"闽人三十六姓"，但是，考察久米村华人的先祖，这也许未必是事实。因为，现在有名有姓有记载的程复，曾为中山王服务四十年，1411年得到永乐皇帝允许致仕回乡，这是记载在《明实录》永乐九年中的事情，那么，他到琉球应当是1370年以前，那时明朝刚刚建立。而且，更早的琉球应当就有华人渡来，因为冲绳各地都出土过唐代钱币与宋元陶瓷。

① 村井章介指出，根据《明史》记载，琉球向中国进贡次数，是东亚各国中最多的（这里应当不包括朝鲜），以171次排在第一位（安南89次；日本排在第13位，仅仅19次）。琉球使团进贡，先后被安排在泉州来远驿和福州琉球馆（1472年以后）。

文，比如1501年的《玉御殿碑文》，虽然署有"大明弘治十四年九月大吉日"这种中国式纪年，但是也有かな文的纪事。特别是这通碑文乃是王家之墓，其内容涉及制度规定的国家公事，这说明かな文在某种意义上，也是琉球国家的、官方的文字。此外，他也提到《真珠湊碑文》(1522)、《国王颂德碑》(1543)以及桥梁、城寨、圣地、陵墓中的石刻文献，上面都有かな文。村井章介说，他并不认为"汉文是对外的，かな文是对内的"，其实，这些文化在当时的琉球是混合的。至于以神女为主的"毛祓い(まうはらい)"这种女性为主的祭祀活动，曾经引起明清中国的关注，在册封使的文献中就曾提到"女巫""女君""女王"等，如陈侃《使琉球录》、徐学聚《国朝典汇》等，显然与传统汉文化并不一样。还应当注意到日本佛教的影响，琉球与日本佛教界的交流很多，村井章介书中列举"博多的伪琉球使：自端西堂"、"萨摩河边宝福寺"之芥隐承琥等人为例，说明此后日本京都和萨摩渡海而来的佛教僧人，在琉球得到很高的地位，而且在琉球的外交上也非常重要和活跃。而琉球的僧人如十六世纪上半叶的鹤翁智仙等，也曾到日本修学（第314~315页）。所以他认为，古琉球是和、汉、琉的复合型文化，直到十七世纪也就是被萨摩征服之后，随着近世日本儒教化

形似神异：什么是中日传统政治文化的结构性差异

政策以及礼仪中国化进程，女巫"托游之俗"及汉文、かな文混用的传统才在"公领域"逐渐消失，而此时的琉球，也将逐渐地日本化。

其实，如果从语言学角度看，可能琉球文化（也包括琉球人）不仅有南下的大和族成分，也有北上的东南亚人成分，还有西来的汉人成分。即使单纯从中国文献的记载看，我们也不能认为琉球文化里面汉文化的比重有多大。如果我们看明代陈侃《使琉球录》（1534）、萧崇业、谢杰《使琉球录》（1579）、夏子阳、王士祯《使琉球录》（1606），一直到清代徐葆光《中山传信录》（1719）的记载，那时他们看到和听到的琉球语言，如"云"是"姑木"、"河"是"盍哇"、"山"是"牙马奴"、"手"是"帖"、"雨"是"阿梅"、"海"是"乌米"、"上"是"威"、"下"是"昔着"、"花"是"豁那"，我们可以相信，当时琉球民众的通行语言，除了郑重的、正式的文字表达，主要还是琉球语和日本语（华人移民当然也用汉语）。所以，徐葆光才说"琉球字母四十有七，名伊鲁花，自舜天为王时始制，或云即日本字母，或云中国人就省笔易晓者教之"[1]。毕竟，语

---

[1] 徐葆光：《中山传信录》，《续修四库全书》（上海古籍出版社影印本，2002）史部745册，第562页。

言文字在一种文化里实在是很重要的核心要素。

海岛上的人类和文化，也许就像海上的波浪一样，一波又一波地从四面八方涌来，然后像冲积而成的大地，一层又一层地不断积淀并覆盖。仅仅把它归之于单一人种、语言、风俗和文化，似乎都不够。然而，后世的人们往往以"后见之明"或"后见之不明"，来想象海岛上的历史。这就仿佛"横看成岭侧成峰，远近高低各不同"一样，横看还是侧看，不免就有了偏见。如果我们只看明清两代汉文文献，只是站在中国角度去看，看到的琉球似乎满眼都是汉文化。但是，你只要注意到这些复杂而多歧的文化遗存，你应该会同意村井章介所说的，琉球文化是"和/琉/汉的文化复合"，甚至可能还有来自更遥远的东南亚的文化。

5

这部书精彩的地方非常多，我无法在这篇短短的书评中一一讨论，读者可以自己阅读和体会。唯一我觉得还可以继续讨论的地方，则是村井章介教授对早期有关琉球史文献的一个看法。

关于早期琉球，最关键的文献毫无疑问是《隋书》卷八一《东夷列传·流求国》，这篇最早提及"流求"的文献，对于古代流求的政治、风俗、葬式、刑罚、物产都有相当宝贵的记录：

> 流求国，居海岛之中，当建安郡东，水行五日而至。土多山洞。其王姓欢斯氏，名渴剌兜，不知其由来有国代数也。彼土人呼之为可老羊，妻曰多拔荼。所居曰波罗檀洞，堑栅三重，环以流水，树棘为藩①。

这个"流求"，是否就是现在的"琉球"？过去，东京大学的德国历史学家李思（Ludwig Riess）、日本的东洋学者和田清、白鸟库吉（しらとり くらきち，1865~1942）等认为这个"流求"是台湾；另一些日本学者如秋山谦藏、喜田贞吉，则认为是冲绳；而冲绳史开创者伊波普猷，则认为部分是台湾，部分是琉球。村井章介说，这是日本史学界一个很重要的争论。

应该承认，过去我们比较偏向接受日本前辈学者白鸟库吉的说法。村井章介在书中也介绍道，白鸟库吉把这段文献中的一些词语，用马来语对音，认为"欢斯"是 Kandjeng（样、殿）、"渴剌兜"是 Ratu（王）、"可老羊"是 Ka-raya-an（宏大、庄严、严肃）、"多拔荼"是 tabatah（高位者之敬称）、"波罗

---

① 《隋书》卷八十一《东夷列传·流求国》，第 1823 页。

檀"是 Paratuan（国家），并判断这里说的"流求"，应当就是现在的台湾。但是，村井章介并不同意白鸟库吉的意见，觉得这种考证过于烦琐和艰涩。尽管他也吸收了白鸟库吉对音的成果，但他认为这个"流求"应当就是七世纪以来东南亚大陆南端文化影响下的琉球。其中，他的反证之一，是《隋书》的这篇《东夷列传·流求国》有关610年出兵流球的隋朝将军陈稜那一段记载中，曾提到"昆仑人"能懂这里的语言，还特别带了昆仑人去"慰谕"当地民众。他认为所谓"昆仑人"，应当就是东南亚南部卷发黑身之人。村井章介说，昆仑人的海上活动范围，在七世纪的时候就很广。他引用的日本早期史料记录642年来访飞鸟日本的百济使节一事时提到昆仑人，753年随鉴真访问日本的也有昆仑人，799年参河国也有漂流来的昆仑人。而654、657年，也曾有东南亚和南亚的人来到日本九州。他认为，这些漂流来的东南亚人有的来自如今泰国曼谷附近，而南亚人则可能来自以祇园精舍闻名的印度北部。村井章介判断，通过与东南亚和南亚人的接触，古代グスク（村井章介特意用来代表古代冲绳的词）文化形成之前的冲绳，应当曾经呈现出东南亚的文化色彩，然而此后在与中国、日本、朝鲜等文明的接触中，这种文化渐渐淡化，马来语系的语言渐渐被忘却。根据这一点，

形似神异：什么是中日传统政治文化的结构性差异

他比较倾向《隋书》中的"流求"就是现在的琉球①。

当然，这只是村井章介一种有趣的判断，可是，我至今还是很难完全接受这一新说，倒是仍然比较认同白鸟库吉等关于《东夷列传·流求国》中的"流求"也许指的是台湾这一看法。毕竟，白鸟库吉等学者提出的三个论据中，至少有两个，现在也还是很难否认的。这两个论据是：（1）前近代的航海技术，从建安郡（今福州）五天不可能到达琉球，只能到达台湾②；（2）《文献通考》等文献记载琉球在"泉

---

① 村井章介反对关于《隋书》中"流求"为"台湾"的考证，他一一批驳白鸟库吉等人的考证，并且引用了航海者的实践、新发掘的史料和人类学观点，认为这种考证烦琐而且有问题，他说"《隋书·东夷列传·流求国》以及后来的《北史》《通典》《太平御览》《太平寰宇记》《册府元龟》《通志》等史书几乎都是这样写的，它们对中国人的琉球观念有很大影响。然而，古代日本的知识人从不时南岛'来朝'的人那里得来的琉球知识，可能比阅读汉籍得来的琉球情报更多"（第51页）。

② 当然，这个问题还可以再讨论。我向《隋书》新校点本整理者吴玉贵教授请教，他指出，《隋书·陈棱传》中的不同记载，似可提供不同的思考角度。《隋书》卷六四《陈棱传》、《北史》卷七八《陈棱传》叙述征流求事甚详。《陈棱传》与《流求传》，应该出自相同史料，但《隋书·陈棱传》和《北史·陈棱传》载陈棱"与朝请大夫张镇周发东阳兵万余人，自义安泛海，击流求国，月余而至"，见《隋书》第1519页、《北史》第2644页。按：隋

州之东,有岛曰澎湖,烟火相望,水行五日而至",台湾与大陆之间有澎湖,而大陆到琉球中间没有澎湖,也不可能"烟火相望"①。

6

回到十五至十七世纪的古琉球史。

村井章介指出,在十四世纪明朝建立以前,中国和日本对于琉球的认知互有差异。日本把萨摩南方的海岛群(也许是以冲绳为中心,延伸到台湾)叫作"琉球";而宋元人对于福建东方的海岛群(也许是以台湾为中心,延伸到冲绳)也叫"琉球"。对"流球"的这种错杂认知,直到中国明朝建立(日本的足利时代)才发生了根本的转变(第53页)。本来,明朝的四裔视野中并没有台湾,而是先有了琉球。由于明初杨

代潮州义安郡,梁置东阳州,《陈棱传》记载隋师从潮州出发,历时月余;而《流求传》则称流求"当建安郡东,水行五日而至"。不仅计算距离的起点不同,而且时间差距也太大。如果按照《流求传》的记载,则流求可能只是五天航程的台湾,但是按照《陈棱传》的航海时间"月余",则隋时流求为现代琉球似也不无可能。

① 《文献通考》卷三二七《琉球国》下所载内容,虽然与隋唐相关文献大体相同,但多出"有岛曰彭湖,烟火相望"一句。《隋书》《北史》《通典》《太平寰宇记》《册府元龟》诸书俱无,也可能是根据宋以后的史料所增加的内容。姑记于此以备考。

形似神异：什么是中日传统政治文化的结构性差异

载出使日本回程中得到的情报，明太祖朱元璋1372年派遣杨载赴琉球，随即琉球国中山王察度又派使节赴明朝，琉球国从此进入东亚国际圈。到了1392年，大琉球为冲绳、小琉球为台湾，在明代中国的官方似乎开始明确。1395年成书的《皇明祖训》中，便明确记载了"十五不征之国"有大琉球和小琉球。村井章介说，所谓"大"和"小"并不意味着岛屿面积，而是意味着外交和贸易上的比重（第55页）。

从十四世纪末琉球进入东亚国际（或者说被整编入东亚朝贡体制），经过二十多年，到了1420年（这一年在历史上的重要性，我将在另一篇文章中讨论）前后，东亚、东南亚历史上发生了三件大事——永乐皇帝迁都北京，明代中国逐渐确定政治与军事重心；李氏朝鲜的宋希璟作为"回礼使"出使日本，重新开始日朝之间的通信使外交；安南后黎朝的创建人黎利开始"奋起义兵，削平明贼"、重建安南。与此同时，琉球王国也结束了三山分立的状态，形成了统一王国。从此，东部亚洲海域进入了一个历史上的新时代。

我以为，在这个新时代，也就是十五世纪到十七世纪的差不多两百年间，东部亚洲海域出现了一个重要的国际新格局。一方面，古琉球作为东部亚洲海域的中心，构筑了一个经济性的、以商船贸易为主的国际秩序；另一方面，以明朝为中心，借助政治威慑力和经济吸引力，通过儒家等级有差的礼仪制度，构筑了东亚所谓"朝贡体系"的国际秩序。琉球以海上贸易构筑的这一区域经济秩序，和明朝中国以朝贡册封构筑的区域政治秩序，互相配合和彼此补充，形成了"东部亚洲海域"这个历史世界。在这一时期，就像村井章介这部书的书名说的那样，琉球的确是"海洋亚洲的辉煌王国"，而古琉球史也书写了东部亚洲海域历史上很有意义的一页①。

① 琉球的这个光辉时代在十七世纪初由于萨摩的征服而闭幕。1609年，日本的萨摩藩入侵琉球。1611年10月，琉球与岛津约法三章，承认琉球为萨摩藩岛津的附庸，宣布子子孙孙遵守誓约，不违反岛津的法度。从此，琉球的天平偏向日本。但尽管如此，琉球仍然摇摆在明朝与日本之间。村井章介在书中指出，这时候日本德川幕府很希望通过琉球的进贡贸易，复活与明朝已经断绝的关系，并获得朱印船在东海南海进行贸易的保护（第393页）。1610年林罗山代本多正纯草拟的致福建总督的信件，就表达了"仰慕中华之心"和"寻求和平之道"。不过，这封信又自夸日本国主源家康的伟大，不仅统一全国、抚育诸岛、左右文武、经纬纲常，而且有朝鲜入贡、琉球称臣、安南、交趾、占城、暹罗、吕宋、西洋、柬埔寨等蛮夷之君长、酋帅，无不上书输诚（《罗山先生文集》卷一二），这就惹恼了明朝。可是，由于日本希望通过琉球沟通日本与明朝的政治与经济联系，因此并不采取极端措施限制琉球与明清中国的交往。1611年10月，岛津家久致琉球尚宁的信中就提到三个沟通日明之间的希望，并且在1613年春再请禅僧以尚宁的名义、用汉文写信给福建军门

(《南浦文集》卷中《与大明福建军门书》),提出:(1)福建划出一块海隅偏岛,让日本船只停泊;(2)以琉球为中介,进行日中贸易;(3)互通使者与有无。然而,这封信语带威胁,说如果不服从就以"日本西海道九国数万军"开战,靠近日本的大明数十州必有近忧,这大概不会被明朝理睬和接受。因为在这封信之前,1612年通过琉球的进贡谢恩使,日本的三个要求,已经告知福建巡抚丁继嗣并传到北京,曾引起大明的种种议论。然而,当时内外交困的大明,也只能采取现实策略。1613年,福建布政使司的咨文(见《历代宝案》卷七),就用怀柔远人的方式,把日本方面的要求放在一边,只宣布琉球被侵之后财亏人乏,可以等十年以后再入贡,但是并不放弃琉球作为朝贡国。这就给后来琉球采取双方朝贡的"两属"状态打开了方便之门。经历这一转变过程之后,逐渐形成了琉球与明清中国、萨摩、日本关系的基本轮廓。

六　与本书相关的日本史粗略年表[*]

○ 604年，推古天皇颁布《宪法十七条》，提出"笃敬三宝""君则天之，臣则地之""君言臣承，上行下靡""群臣百寮，以礼为本"等主张。

○ 645年6月12日，中大兄皇子刺杀苏我入鹿，权倾一时的苏我家族随即覆灭，革新派成立新的政权，孝德天皇即位。革新派废除了大贵族垄断政权的体制，取法中国唐朝，以中央集权的模式改造政权，此为"大化改新"。

○ 663年，中国唐朝与日本在百济白江口（今韩国锦江入海口）发生了一次水战，即"白江口之战"，日本大败，此役奠定了此后千余年东北亚地区的政治、经济、文化格局。

○ 815年，嵯峨天皇下令仿照中国唐朝《氏族志》，编写日本古代氏族名鉴，即《新撰姓氏录》。其将所记录的1182个京城与畿内姓氏分为"皇别""神别""诸蕃"三类，谱系以天皇为同心圆的原点，分类的标准是某氏族在天皇世系图中的位置。

---

[*] 本书涉及7世纪到年到19世纪（即奈良时代到明治时代初期）的日本历史，为便于读者了解相关背景，特附此表。——编者注

形似神异：什么是中日传统政治文化的结构性差异

○ 1221 年，后鸟羽天皇起兵讨伐镰仓幕府，被幕府击败，此为"承久之乱"，后鸟羽天皇的行为被称作"御谋反"。

○ 1571 年，为报延历寺僧兵协助浅井长政、朝仓义景联军之仇，亦为拔除"寺家"势力，织田信长下令进攻并烧毁了比叡山延历寺。

○ 1600 年，德川家康率领的"东军"与丰臣家的家臣石田三成率领的"西军"在美浓的关原一代激战，德川家康胜出，此役被称作"关原之战"，奠定了德川氏统治的基础。

○ 1701 年，赤穗藩藩主浅野长矩用腰刀砍伤了江户幕府大领主吉良义央，幕府将军命浅野长矩切腹自杀，此为"赤穗事件"。浅野长矩的 46 位家臣为给其报仇，刺杀了吉良义央，此事后被编为歌舞伎戏《忠臣藏》，在日本常演不衰并在思想界引发广泛、持续的讨论。

○ 1853 年，美国海军准将马休·佩里和祖·阿博特等率舰队驶入江户湾浦贺海面，此为"黑船事件"，双方于次年（1854）签订《日美亲善条约》（又称《神奈川条约》）。

○ 1859 年，近江彦根藩藩主、幕府大老井伊直弼发动镇压倒幕派的运动，超过百人被处刑，此为"安政大狱"。

附 录

○ 1860年，水户藩脱藩武士在樱田门外刺杀井伊直弼，此后幕府无法独断专行。

○ 1867年10月，第十五代幕府将军德川庆喜把政权还给天皇，持续260多年的德川幕府统治结束，此为"大政奉还"。

○ 1868年1月3日，倒幕派发动政变，以天皇名义发布了《王政复古大号令》，声称"诸事皆本神武创业之初"，一切权力重归天皇，此为"王政复古"。

○ 1868年，基于政教一致的方针，为禁止日本传统神道教与外来佛教的混淆并将神道教奉为国教，明治政府颁布《神佛判然之令》，命令将佛具从神社撤出，将与神社有关的器物从寺院撤离。

○ 1868年3月，明治政府颁布《五条誓文》，确立了以天皇为首的中央集权体制，提出发展资本主义、废除等级制度，放弃攘夷口号和学习西防技术、文化的主张，为明治维新奠定了基础。

○ 1869年6月，明治政府实施"版籍奉还"，各大名的领地和领民返还给天皇。

○ 1871年7月，明治政府废除全国各藩，统一为府县。

后　记

　　这本小书，算是我 2020 年在东京大学担任特任教授期间的读书报告。

　　那一年，到达东京不到一个月，便遭逢新冠肆虐。一开始，还可以在研究室、图书馆、食堂、住处四点一线行走，渐渐地，东京大学的图书馆不开了，食堂也关门了，连本部栋 2 号楼我的研究室，也被劝告尽量少去。于是，大多数的时间里，我都只好待在那个位于汤岛神社之下、"学问之道"尽头的住处读书。那八个月里，我决心少看过去常看的日本中国学著作，而主要阅读日本学者有关日本史的论著。这是因为，我越来越感觉到，在问题意识、学术关切和叙述方式各方面，其实我们做中国本国史的人，更接近日本做日本本国史的学者，阅读日本史的各种论著，也许能得到更多共鸣和启迪。特别是，如果能把两国历史相互参验，或许更能感受到研究本国史时彼此心

后 记

情、问题和路径的异同。当然,我毕竟是中国学者,读日本史的论著,心里想的仍是中国史的问题,所以那些日本史论著,就成为日后我在亚洲史背景中重新理解中国史的资源。

2020年9月回国后,我就把我的所读所思所想,写成这样一篇论文《什么是传统中日政治文化的结构性差异?》。这里我先要感谢《清华大学学报》,《清华大学学报》慷慨地一次性发表了这篇近七万字的长文,这在国内刊物中是不多见的。我也要感谢日本的辻康吾先生、永田小绘女士和新井孝重教授,他们在我这篇长文发表之后,很快就把它翻译成日文,把中国学者的中日传统政治文化比较观介绍给日本读书界。我也要感谢社会科学文献出版社郑庆寰先生,在他的鼓励下,我把这篇长文加上阅读日本史论著的几篇短札编成附录,于是就有了这样一本小书。最后,我也要谢谢石岩女士,感谢她能看中这本书,愿意为这本小书做编辑。

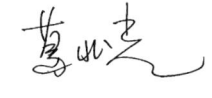

2023年11月1日于上海

图书在版编目(CIP)数据

形似神异：什么是中日传统政治文化的结构性差异 /
葛兆光著. --北京：社会科学文献出版社，2024.8.（2024.9重印）
ISBN 978-7-5228-3331-6

Ⅰ.D6；D731.30
中国国家版本馆 CIP 数据核字第 2024RF8910 号

形似神异：什么是中日传统政治文化的结构性差异

著　　者 / 葛兆光

出 版 人 / 冀祥德
责任编辑 / 石　岩
责任印制 / 王京美

出　　版 / 社会科学文献出版社·历史学分社（010）59367256
　　　　　　地址：北京市北三环中路甲29号院华龙大厦
　　　　　　邮编：100029
　　　　　　网址：www.ssap.com.cn
发　　行 / 社会科学文献出版社（010）59367028
印　　装 / 三河市龙林印务有限公司

规　　格 / 开　本：889mm×1194mm　1/32
　　　　　　印　张：6.375　字　数：112千字
版　　次 / 2024年8月第1版　2024年9月第2次印刷
书　　号 / ISBN 978-7-5228-3331-6
定　　价 / 49.80元

读者服务电话：4008918866

版权所有 翻印必究